LA FABRIQUE DE
L'ENTREPRENEURIAT

STRATÉGIE D'ENTREPRISE

CHRISTOPHE SCHMITT

LA FABRIQUE DE L'ENTREPRENEURIAT

PRÉFACE DE GILLES GAREL

DUNOD

Nous remercions la Fondation Yzico de sa gracieuse contribution à la publication de cet ouvrage. Elle apporte par-là une brillante preuve de la collaboration fructueuse entre l'université et le monde socio-économique. Elle est un appui important au rayonnement des avenues de la recherche en entrepreneuriat.

Le pictogramme qui figure ci-contre mérite une explication. Son objet est d'alerter le lecteur sur la menace que représente pour l'avenir de l'écrit, particulièrement dans le domaine de l'édition technique et universitaire, le développement massif du photocopillage.

Le Code de la propriété intellectuelle du 1er juillet 1992 interdit en effet expressément la photocopie à usage collectif sans autorisation des ayants droit. Or, cette pratique s'est généralisée dans les établissements d'enseignement supérieur, provoquant une baisse brutale des achats de livres et de revues, au point que la possibilité même pour les auteurs de créer des œuvres nouvelles et de les faire éditer correctement est aujourd'hui menacée.

Nous rappelons donc que toute reproduction, partielle ou totale, de la présente publication est interdite sans autorisation de l'auteur, de son éditeur ou du Centre français d'exploitation du droit de copie (CFC, 20, rue des Grands-Augustins, 75006 Paris).

© Dunod, 2017

11 rue Paul Bert, 92240 Malakoff

www.dunod.com

ISBN 978-2-10-077508-8

Le Code de la propriété intellectuelle n'autorisant, aux termes de l'article L. 122-5, 2° et 3° a), d'une part, que les « copies ou reproductions strictement réservées à l'usage privé du copiste et non destinées à une utilisation collective » et, d'autre part, que les analyses et les courtes citations dans un but d'exemple et d'illustration, « toute représentation ou reproduction intégrale ou partielle faite sans le consentement de l'auteur ou de ses ayants droit ou ayants cause est illicite » (art. L. 122-4).

Cette représentation ou reproduction, par quelque procédé que ce soit, constituerait donc une contrefaçon sanctionnée par les articles L. 335-2 et suivants du Code de la propriété intellectuelle.

À mon amour qui m'a aidé à entreprendre ma vie.

À mes enfants, Mathias et Lisa,
pour tout ce qu'ils vont entreprendre.

« La connaissance est dans l'action. »

Louis Gauthier

Sommaire

Préface   XI

Avant-propos : la fabrique de l'entrepreneuriat en action   XV

Chapitre 1 ■ La nécessité de changer de regard sur l'entrepreneuriat   1

Chapitre 2 ■ La complexité actuelle de l'entrepreneuriat   13

Chapitre 3 ■ Le modèle des 3M pour aborder la complexité actuelle de l'entrepreneuriat   29

Chapitre 4 ■ Changer sa paire de lunettes pour comprendre l'entrepreneuriat d'aujourd'hui   45

Chapitre 5 ■ Entreprendre, c'est s'intéresser au rapport au monde de l'entrepreneur   71

Chapitre 6 ■ Des outils pour aborder l'agir entrepreneurial   99

Chapitre 7 ■ Aider l'entrepreneur dans l'agir entrepreneurial   117

Chapitre 8 ■ Favoriser l'expérience de l'agir entrepreneurial   141

Épilogue : la fabrique de l'entrepreuriat en devenir 155

Bibliographie 159

Table des matières 165

Table des figures 169

Préface

L'entrepreneuriat est à la mode et paré de bien des vertus. Environ 3 millions de Français souhaiteraient créer une entreprise mais le nombre réel de créations est très inférieur même si, à partir de 2009, les chiffres ont explosé. En 2015, année faste, la France a compté plus de 525 000 entreprises nouvelles sur son territoire.

Comme le terme « innovation », auquel il est souvent et parfois abusivement associé, le mot « entrepreneuriat » tourbillonne dans les modes managériales privées et publiques. C'est pourquoi il est salutaire de prendre du recul, y compris historique, et de cadrer les enjeux et les démarches relatives à l'entrepreneuriat. Tout le monde est entrepreneur, certaines réussites entrepreneuriales sont magnifiées dans la grande presse, voire dans des formations en management, autour des figures d'individus transcendants et devenus riches. Les entrepreneurs seraient des innovateurs, les « patrons » sont devenus des entrepreneurs, les start-up de la nouvelle économie digitale nous en mettent plein la vue, l'entrepreneuriat s'enseigne tous azimuts et se finance sous de nouvelles formes… Dans ce maelström, l'ouvrage de Christophe Schmitt aide à se poser. Il postule que l'entrepreneuriat est une affaire sérieuse et qu'il faut prendre le temps de l'analyser pour en parler et pour s'y lancer.

Avec lui, on s'inscrit dans une approche globale de l'entrepreneuriat qui consiste à ne pas traiter uniquement de la création d'entreprise, mais d'un « agir entrepreneurial ». L'agir est plus large que l'action.

Il intègre la situation dans laquelle se retrouve l'entrepreneur, les personnes en lien avec sa situation, les artefacts développés pour affronter cette situation, les décisions et les actions en situation. L'action n'est plus envisagée seulement comme la conséquence de décisions d'un entrepreneur héroïque, mais bien de façon située et collective, en lien avec un écosystème que l'entrepreneur mobilise et… contribue aussi à construire. Cette perspective déplace le regard porté sur l'entrepreneuriat par les entrepreneurs eux-mêmes, mais aussi par les accompagnateurs, les étudiants, les formateurs, les chercheurs, les proches, les politiques ou les administrations. Et bien sûr, comme l'écrit l'auteur, « la société a changé, l'entrepreneuriat aussi ». Depuis Say et Cantillon, l'entrepreneuriat et son environnement se sont transformés aujourd'hui, avec le numérique, avec les démarches de *lean startup*, d'effectuation, le *crowdfunding*, avec la reformulation des *business models*, les nouvelles formes de l'enseignement, l'avènement des tiers lieux comme les espaces de travail collaboratif ou les politiques de soutien et d'incubation.

Dans ce contexte, l'ouvrage intègre des acquis de la recherche en sciences de gestion pour attaquer frontalement la problématique suivante : qu'est-ce qu'entreprendre si l'on accepte que l'entrepreneur construit sa propre réalité ? L'ouvrage dépasse une approche rationnelle et planificatrice de l'entrepreneuriat qui a longtemps dominé en management stratégique. C'est un livre sur la capacité de l'entrepreneur à concevoir un projet par rapport à sa représentation du monde et à le traduire auprès des acteurs de son écosystème. Outre des cas d'entrepreneuriat, l'ouvrage propose des outils de formalisation et d'accompagnement dans cette perspective proactive : du modèle des 3M pour Moi (l'entrepreneur), Mon projet (comme ensemble d'artefacts créés par l'entrepreneur) et Mon écosystème (pour les parties prenantes de l'écosystème) à la méthode IDéO© qui permet à l'entrepreneur de construire son projet et, dans un second temps, de le traduire afin de le rendre partageable largement.

Préface

Pour entreprendre, on peut « foncer dans le tas » pour savoir ce que vaut son projet ; on peut aussi s'engager dans une démarche de praticien réflexif qui construit sa relation à l'environnement au fur et à mesure qu'il le découvre et le construit. C'est l'ambition de *La fabrique de l'entrepreneuriat* : agir et réfléchir en entrepreneur, en entrepreneuriat.

Gilles GAREL,
professeur du Conservatoire national des arts et métiers,
titulaire de la chaire de gestion de l'innovation
et professeur à l'École polytechnique
au département Management de l'innovation et entrepreneuriat.
Coauteur de *La Fabrique de l'innovation* (Dunod, 2012, 2016).

Avant-propos : la fabrique de l'entrepreneuriat en action

L'idée de cet ouvrage est née du lien fait entre trois éléments, en relation ou non avec l'entrepreneuriat.

Le premier élément est un sondage[1] récurrent qui existe dans de nombreux pays et, notamment, en France : le nombre de personnes qui ont en tête un projet entrepreneurial. Selon ce sondage, environ 3 millions de Français souhaiteraient créer une entreprise. Les raisons de cette volonté sont légion et hétérogènes, mais toujours est-il qu'au final, le nombre réel de créations d'entreprises se situe en dessous de 300 000 avant la création du statut d'autoentrepreneur et au-dessus des 300 000 après la mise en place de ce statut, pour atteindre un niveau record en 2010 avec plus de 600 000 créations d'entreprise. Ce qu'il faut retenir ici est moins le nombre de créations d'entreprise, même si on peut se réjouir de l'embellie que la

---

1 Comme par exemple le sondage effectué par l'institut Think pour l'ordre des experts-comptables. Selon ce sondage, 1 Français sur 4 envisage de créer ou de reprendre un jour une entreprise... soit un vivier d'environ 13 millions d'entrepreneurs en France ! (source : http://www.experts-comptables.fr/sites/default/files/asset/document/sondage_think_-_sde_paris_2015_v4.pdf)

France connaît ces dernières années, que la différence entre le nombre de Français qui souhaitent créer une entreprise et le nombre de Français qui en créent réellement. Autant les raisons qui poussent les personnes à créer sont nombreuses et hétérogènes, autant celles qui amènent les personnes à ne pas aller plus loin que leurs rêves le sont aussi. Durant mes différentes années de recherche, j'ai toujours été porté non à chercher à comprendre les raisons de cette déperdition, mais plutôt à essayer de développer des outils pour accompagner les entrepreneurs dans leur démarche en phase amont de la création afin de les aider notamment à problématiser leur réflexion et leur action. Car force est de constater que les outils développés en entrepreneuriat portent essentiellement sur des démarches de résolution de problèmes correspondant aux phases en aval. Dans ce sens, c'est plus la question du « comment » que la question du « pourquoi » qui guide la réflexion de cet ouvrage.

Le second élément qui a largement orienté ma réflexion est assez éloigné de l'entrepreneuriat à première vue : nous agissons en fonction de notre relation au monde. Dans cette perspective, mes réflexions s'inscrivent dans la continuité des travaux constructivistes et, principalement, de l'École de Palo Alto, à travers les différents écrits de Watzlawick sur l'importance des représentations des acteurs par rapport au monde pour agir. Dans le sillage de cette idée de rapport au monde se trouvent bien sûr les réflexions liées à la phénoménologie, en l'occurrence la notion d'intentionnalité développée par Brentano et reprise par Husserl. À bien des égards, l'intentionnalité est une porte d'entrée nouvelle pour l'entrepreneuriat car elle touche à l'inconscient alors que, de façon générale, l'entrepreneuriat, comme beaucoup d'autres domaines en sciences sociales, ne s'est jusque-là intéressé qu'à l'aspect conscient des phénomènes. En lien avec l'approche phénoménologique privilégiée dans cet ouvrage, il apparaît que le rapport au monde de l'entrepreneur se manifeste autour de différentes composantes : l'idée, l'opportunité, le projet entrepreneurial, le modèle d'affaires, le plan d'affaires… bref, des « objets » conçus par l'entrepreneur, appelés aussi « artefacts »[1]. Cette idée d'artefact est

---

[1] Un artefact est un phénomène artificiel (réel ou imaginaire) qui a pour particularité d'être créé par l'homme, à la différence des phénomènes naturels.

intéressante pour comprendre l'entrepreneuriat. En effet, les artefacts permettent de comprendre l'entrepreneur, sa vision du monde, tout en favorisant l'interaction de l'entrepreneur avec les acteurs de son écosystème. Voilà des pistes intéressantes en vue de développer de nouvelles connaissances et de nouvelles démarches pour entreprendre. Il s'agira de profiter de l'« excursionnisme scientifique » pour alimenter un domaine où la planification, la rationalisation ou encore la transposition du passé vers le futur demeurent jusqu'à l'heure actuelle les seuls aspects pris en considération et qui ne constituent au final que la face visible de l'iceberg. Le présent ouvrage propose donc une perspective originale pour aborder l'entrepreneuriat à travers la phénoménologie, au travers du rapport au monde de l'entrepreneur et des sciences de l'artificiel illustrées notamment dans la capacité de l'entrepreneur à concevoir des artefacts à destination de son écosystème.

Le troisième élément structurant de cet ouvrage est l'action en général et l'action entrepreneuriale en particulier. De façon assez étonnante, comme j'aurai l'occasion de le montrer, l'action est le parent pauvre des réflexions en entrepreneuriat, tant au niveau de la recherche et de l'enseignement que de l'accompagnement. Il serait possible de comprendre cela en rappelant que l'entrepreneuriat, comme d'autres domaines en management, est avant tout considéré comme le « lieu » des décisions à prendre. Il est très étonnant finalement que l'on puisse décider sans s'intéresser à l'impact de la décision prise. Cela équivaudrait, de manière imagée, à faire à manger sans se demander si c'est vraiment mangeable. Précisons dès à présent que l'action n'est pas que la conséquence de décisions. Elle peut en être aussi la cause, elle peut aussi se faire sans décision consciente voire, dans certains cas, sans conscience. Toujours est-il que l'action ne peut se résumer au seul entrepreneur, ce qui amène à envisager une écologie de l'action que je propose de nommer « l'agir entrepreneurial ». L'agir est plus large que l'action. Il comprend la situation dans laquelle se retrouve l'entrepreneur, les personnes en lien avec cette situation, les artefacts en lien et développés par cette situation, les décisions et les actions en situation. Ainsi l'action ne doit-elle plus être envisagée uniquement sous l'angle de la conséquence de décisions où l'entrepreneur est vu comme un héros des temps modernes, mais bien de façon située et distribuée, et donc collective, en lien avec son écosystème.

Plus que l'entrepreneuriat, il convient de se centrer sur la fabrique de l'entrepreneuriat à travers ses pratiques en prenant en considération l'action pour en comprendre les tenants et les aboutissants, tout comme les éléments d'inhibition dont il faut s'affranchir et les outils à adopter pour la favoriser. Il s'agit aussi, à travers cette question, de sortir du paradigme dominant dans lequel l'entrepreneuriat s'est enfermé, le paradigme de la décision, pour faire émerger un autre paradigme riche pour l'entrepreneuriat, le paradigme de l'agir entrepreneurial, intégrant l'action entrepreneuriale. Mieux que cela, l'objectif n'est pas de nous limiter à un simple effet de balancier, où nous passerions de la décision à l'action. En effet, l'ambition est plus grande. Il s'agit non seulement de ne plus considérer uniquement la décision de l'entrepreneur mais de tenir compte tout autant de son action à travers l'interaction entre les deux. C'est ce que nous avons appelé le paradigme de l'agir entrepreneurial.

Nous avons longtemps agi en entrepreneuriat comme l'ivrogne qui s'obstine à ne chercher ses clés que sous le lampadaire, car c'est le seul endroit qui soit éclairé. Les démarches, les outils, les indicateurs mis en place et mobilisés actuellement relèvent essentiellement de cette posture. Autrement dit, l'entrepreneuriat principalement envisagé autour d'un but : la création d'entreprise. Cet ouvrage propose de sortir de cette ornière pour envisager l'entrepreneuriat de façon résolument différente, comme un tout autour d'un agir permettant de parvenir ou non à la création d'entreprise. Il ne s'agit plus de se limiter à un résultat, la création d'entreprise, mais bien d'envisager aussi la situation entrepreneuriale qui l'accompagne. La nuance peut paraître ténue mais elle ne l'est qu'en apparence. En effet, il s'agit de réinventer le regard porté par les uns et les autres (entrepreneurs, accompagnateurs, étudiants, enseignants, proches, politiques, administration et, bien sûr, la société dans son ensemble) sur l'entrepreneuriat. C'est à ce prix que les choses peuvent changer et, par conséquent, évoluer. Bien sûr, des démarches, des outils et des indicateurs

Avant-propos

en découleront, mais il n'en demeure pas moins nécessaire d'envisager différemment les choses si nous souhaitons participer à la révolution entrepreneuriale.

En filigrane, il est nécessaire d'inventer un nouveau langage pour aborder l'entrepreneuriat et permettre aux acteurs de l'entrepreneuriat de se comprendre. Ce langage, nous le connaissons sous différents aspects provenant de domaines divers (maïeutique, suggestion, problématisation ou encore traduction), qu'il convient maintenant de relier au domaine de l'entrepreneuriat. C'est l'utilisation délicate de ce langage dans la pratique qui constitue la principale matière de cet ouvrage. Celui-ci peut être envisagé comme un abrégé de grammaire destiné à permettre aux lecteurs de maîtriser l'essence d'une vision renouvelée de l'entrepreneuriat. Il est clairement plus facile de le dire, voire de l'écrire, que de le faire ; aussi ce livre se voudrait-il au mieux un guide de l'agir entrepreneurial et non un manuel d'instruction. Comme chacun le sait, le simple fait de lire une grammaire ne donne pas à celui qui l'aurait lue la maîtrise de la langue. À travers cet ouvrage, ce sont des méta-règles qui sont proposées, permettant de donner des orientations conceptuelles et d'autres pratiques pour aborder l'entrepreneuriat. Pour cela, je me suis appuyé sur l'expérience menée au sein de l'université de Lorraine, à l'École nationale supérieure d'agronomie et des industries alimentaires (ENSAIA) et à l'Institut d'administration des entreprises de Metz (IAE de Metz), avant de développer une expérience de plus grande ampleur au sein de l'université de Lorraine, à travers le Pôle entrepreneuriat étudiant de Lorraine (PeeL). Ces différentes années d'expérience m'auront permis, en effet, de développer de nouvelles démarches qui ont fait leurs preuves, m'ayant incité à proposer, dans cet ouvrage, une approche globale de l'entrepreneuriat en mettant avant tout au centre de ces démarches mêmes l'action de l'entrepreneur au profit de son expérience. Cela fait maintenant six ans que nous sensibilisons, formons et accompagnons des entrepreneurs au sein de l'université de Lorraine, incarnant plus de 150 organisations (entreprises, associations, ONG…). Il est clair que ce qui fonctionnait hier en matière d'entrepreneuriat ne fonctionne plus aujourd'hui. *La fabrique de l'entrepreneuriat* présente l'approche globale développée, source de cette réussite actuelle en matière d'entrepreneuriat.

Le lecteur, déjà familiarisé notamment avec mon ouvrage *L'agir entrepreneurial – Repenser l'action des entrepreneurs*, trouvera ici des éléments permettant de compléter l'approche proposée autour des quatre agir qui ont façonné la réflexion sur l'entrepreneuriat, ainsi que des outils faciles d'utilisation permettant la fabrique de l'agir entrepreneurial au quotidien, rendant de la sorte les deux ouvrages complémentaires. La réflexion proposée dans cet ouvrage autour de l'agir entrepreneurial et la construction de sens sous-jacente sont étayées par les principes théoriques présentés dans l'ouvrage *L'agir entrepreneurial – Repenser l'action des entrepreneurs*. Certains éléments seront repris pour en faciliter la compréhension mais plus encore en vue d'un approfondissement souhaité. J'ai voulu illustrer mes propos en proposant le plus possible des situations que j'ai rencontrées durant les quelque quinze années de mon travail dans le domaine de l'entrepreneuriat. Ces cas n'ont pas vocation à la généralisation. Bien au contraire, il s'agit avant tout de permettre aux lecteurs de se projeter dans une situation concrète. À la différence des recherches traditionnelles, ces cas ont plutôt vocation à montrer des aspects singuliers de l'entrepreneuriat plutôt que d'essayer de trouver un comportement normal à travers des enquêtes statistiques.

Cet ouvrage ambitionne d'être autant une découverte de l'entrepreneuriat pour ceux qui ne sont pas familiers de ce domaine que je l'espère, un moyen réflexif pour les entrepreneurs, les praticiens, les politiques et les chercheurs aguerris à l'entrepreneuriat pour interroger leurs propres pratiques.

Chapitre 1

La nécessité de changer de regard sur l'entrepreneuriat

> **Exemple**
>
> Noah est entrepreneure dans le digital. Elle se rappelle ses premières rencontres avec la structure d'accompagnement avec qui elle était entrée en contact. Elle a été très étonnée de voir que les choses étaient très standardisées. En effet, les questions auxquelles elle a eu droit portaient essentiellement sur elle, sur ses compétences, sur son opportunité d'affaires et sur ce qu'elle devrait faire pour réussir. Sur son profil, elle a cru comprendre que la personne en face d'elle cherchait à voir l'adéquation entre sa formation, son expérience et les compétences attendues par rapport à son projet. Concernant l'autre aspect de son entretien, elle a été dirigée vers la construction d'un plan d'affaires à partir de son opportunité d'affaires. Elle a été invitée pour aller plus loin à monter un plan d'affaires afin de s'assurer, le cas échéant, que son opportunité d'affaires serait viable.

Cette situation, sous bien des aspects, pourra être perçue par le lecteur comme banale, voire normale en matière d'entrepreneuriat. Elle l'est !

L'objet de cet ouvrage est de montrer qu'il est nécessaire aujourd'hui de sortir de ces sentiers battus. Reprenons à notre compte la phrase de Drucker (1996) qui disait : « Les certitudes d'aujourd'hui sont toujours les absurdités de demain », pour nous interroger sur l'entrepreneuriat aujourd'hui et, par la même occasion, sur la nécessité de penser les choses autrement. Les acteurs de l'entrepreneuriat le disent régulièrement, on n'entreprend plus de la même manière aujourd'hui par rapport à hier. Si nous sommes d'accord sur ce postulat, il convient de nous interroger sur la façon d'entreprendre. Notre société, notamment avec l'avènement du numérique, a beaucoup évolué, en s'affranchissant des codes traditionnels de l'entrepreneuriat. L'émergence de nouvelles notions, comme *lean startup*, effectuation, *crowdfunding*, *business model canevas*, *coworking*, étudiant-entrepreneur, entrepreneuriat d'équipe... souligne bien cette évolution. Ainsi émergent un certain nombre de questions : comment aborder l'entrepreneuriat autrement ? Comment se forme l'entrepreneuriat ? Comment transformer une idée en opportunité d'affaires ? Comment faire adhérer au projet les acteurs de l'écosystème ? Comment prendre en considération l'intentionnalité de l'entrepreneur ? Comment favoriser l'expérience entrepreneuriale ? Comment générer du sens ? Toutes ces questions serviront à structurer nos propos autour de la fabrique de l'entrepreneuriat.

L'entrepreneuriat : la fin d'un tabou

Une dimension souvent oubliée lorsque l'on parle d'entrepreneuriat, c'est son image dans la société. En effet, il convient de s'intéresser à l'image habituellement véhiculée par l'entrepreneuriat. Derrière l'entrepreneuriat réside en effet une norme sociale qui ne devrait pas laisser indifférent. Car celle-ci agit comme une règle de conduite suivie par un grand nombre d'individus dans la société. Nous souhaitons donc questionner cette norme pour comprendre la place de l'entrepreneuriat au sein de notre société aujourd'hui. Or, pour comprendre la place de l'entrepreneuriat, nous ne saurions faire l'impasse sur l'entrée historique. De plus, il n'est pas possible de comprendre l'entrepreneuriat sans appréhender le modèle de la grande entreprise et son rôle dans la société française à travers le temps. En effet, historiquement, la société française s'est développée à partir de ce modèle.

Remontons à Colbert (1619-1683), ministre d'État et contrôleur général des finances du roi Louis XIV : nous trouverons alors des traces d'une politique dite « interventionniste » à travers le développement de grandes entreprises d'État comme la manufacture Saint-Gobain, celle des Gobelins ou encore celle des tapisseries d'Aubusson. Il s'agissait, dans la logique du courant économique de l'époque, le mercantilisme, notamment en France, de casser la puissance corporatiste héritée de la période médiévale. L'image qui peut être donnée ici est de réunir les moyens de production autour de grandes entreprises afin de pouvoir développer la richesse nationale. Il est clair que cette tradition s'est perpétuée dans le temps. L'intérêt pour les petites entreprises n'est que récent, il dure depuis une petite cinquantaine d'années seulement. Les évolutions se font principalement au travers d'événements exogènes comme la crise économique suite aux chocs pétroliers des années soixante-dix et la fin de certaines monoactivités industrielles comme la sidérurgie et la métallurgie. Les grandes entreprises ne sont plus capables d'absorber une partie de la population active d'un territoire donné. Le modèle dominant de la grande entreprise se voit alors largement entamé. Cela se traduit, selon l'expression de Juma (1996), dans la plupart des cas, par le passage d'une économie newtonienne[1] basée, entre autres, sur la certitude et la planification, à une économie non newtonienne, intégrant cette fois l'incertitude et la difficulté de planification. « Small is beautiful » devient une expression largement utilisée pour décrire l'évolution économique qui était en train de se jouer. Ce sont plus les PME qui se retrouvent au-devant de la scène, en tout cas plus que l'entrepreneuriat en tant que tel. D'ailleurs, les PME apparaissent principalement comme plus souples par rapport à l'incertitude économique dans laquelle la société se trouve.

Les heures de gloire de l'entrepreneuriat arrivent avec le choc de la numérisation de la société. L'entrée dans le XXIe siècle est associée à cette révolution en marche. La démocratisation du numérique dans notre société est un vecteur important du développement et de la démocratisation de l'entrepreneuriat. Elle symbolise le développement de projets et l'accès à un grand nombre de ressources accessibles en temps réel et souvent gratuites. Sans trop exagérer, il est possible d'affirmer que chaque application numérique correspond quasiment à une entreprise potentielle.

Ainsi la grande entreprise a-t-elle laissé sa place dans la société à la PME, puis actuellement à l'entrepreneuriat. Toutefois, les modèles dominants ont la peau dure. En effet, le modèle de la grande entreprise est encore très présent au sein de la société française et demeure, sans doute de manière implicite, le modèle fondateur de notre société. Cela s'explique aisément par le fait que certaines générations ont été « élevées » dans le modèle de la grande entreprise. En complément de la présence dans notre société du modèle de la grande entreprise,

---

[1] Selon cet auteur, la réification du modèle newtonien a laissé une série d'instruments analytiques inappropriés face aux réalités complexes de l'évolution économique.

La nécessité de changer de regard sur l'entrepreneuriat

il existe deux autres modèles implicites qui sont en lien : le modèle du fonctionnariat et le modèle du salariat. La conséquence principale de ces modèles est la quasi-absence du modèle de l'entrepreneuriat. Comment cela s'illustre-t-il au quotidien dans notre société ? Prenons l'exemple des formations post-bac. Le souci n'est pas que les jeunes ne veuillent pas entreprendre, bien au contraire. Le souci est que, bien souvent, le contenu pédagogique est orienté sur des cas de grandes entreprises. Cela vaut pour les formations en management comme pour les formations techniques. Lorsque les enseignants parlent de dimensionnement de cuve de fermentation de la bière, les exemples qui sont donnés relèvent plus du modèle de la grande entreprise que du modèle de la PME et encore moins du modèle de l'entrepreneuriat, qui se manifeste dans les microbrasseries pourtant présentes un peu partout. Le second exemple s'inscrit dans le management. Il est intéressant d'analyser les cas donnés lors de cours en ressources humaines, marketing, stratégie ou encore contrôle de gestion. L'entrepreneuriat est peu présent ; la PME existe, mais en faibles proportions par rapport à des entreprises de grande taille.

Ces deux exemples ont pour point commun de considérer de façon implicite le modèle qui prévaut dans notre société, en l'occurrence le modèle de la grande entreprise. En conséquence, lorsqu'on demande à des jeunes de citer trois entrepreneurs qu'ils connaissent, admirent ou sur qui ils pourraient prendre modèle, invariablement, les exemples se portent sur des dirigeants de grandes entreprises. Certes, ces derniers temps, les réponses évoluent pour parler d'entrepreneurs dans le numérique, mais le modèle de la grande entreprise demeure cependant encore bien prégnant. Ce modèle se retrouve en effet dans un grand nombre de discours, que ce soit dans le discours politique, dans le discours médiatique, sans oublier, en amont, le discours de la famille et des proches. Force est de reconnaître toutefois que l'évolution est en marche ! L'entrepreneuriat investit simultanément le discours dans différentes sphères. Mais il pose problème par rapport aux modèles existants, aussi cela crée-t-il des tensions. On le voit actuellement avec ce qu'il convient d'appeler « l'ubérisation » de la société. L'entrepreneuriat n'est plus un tabou. Nombre d'universités ont développé des programmes de sensibilisation, de formation et d'accompagnement à destination des étudiants, notamment à travers le programme national PEPITE. Il semblerait même assez loin le temps où les parents disaient : « Finis d'abord tes études et après on verra ! » L'université devient un acteur à part entière dans le développement de l'entrepreneuriat et donc de la création de valeur sur un territoire. La démocratisation de l'entrepreneuriat fait aussi évoluer la façon dont il convient d'aborder l'entrepreneuriat. L'entrepreneuriat d'aujourd'hui est différent de l'entrepreneuriat d'hier et encore plus éloigné de l'entrepreneuriat d'autrefois. La société a changé, l'entrepreneuriat aussi !

Au commencement était la décision entrepreneuriale

En regardant les approches mobilisées régulièrement dans le domaine de l'entrepreneuriat, que ce soit au niveau des réflexions ou des pratiques, force est de constater leur convergence autour d'un paradigme : la décision entrepreneuriale. Si l'on compare l'entrepreneuriat à un kaléidoscope, on voit apparaître différentes images de l'entrepreneuriat. Ces images peuvent se résumer autour des questions suivantes : que fait l'entrepreneur ? Qui est-il ? Comment structure-t-il sa pensée ? Comment décide-t-il ? Derrière ces différentes questions transparaît la notion de décision. En effet, quand on pose la question « Que fait l'entrepreneur ? », cela revient à s'interroger sur les décisions prises par celui-ci. Cette question renvoie à l'approche économiste (Cantillon et Say notamment) de l'entrepreneuriat, qui a structuré et structure encore les approches dans le domaine. Se demander « Qui est l'entrepreneur ? », c'est s'intéresser aux compétences nécessaires, aux facteurs psychologiques et comportementaux impliqués dans les décisions qu'aura à prendre un entrepreneur. Cette question renvoie essentiellement aux travaux initiés par les psychologues pour comprendre l'entrepreneuriat (Mc Clelland, 1961, Collin et Moore,

1964). À travers la question « Comment l'entrepreneur structure-t-il sa pensée ? », il s'agit de comprendre comment celui-ci réfléchit pour prendre ses décisions. Cette question a ouvert la réflexion aux mécanismes cognitifs sous-jacents à l'entrepreneur. On parlera dans ce sillage de « cognition entrepreneuriale » (Grégoire *et al.*, 2015 et Filion, 2008). Concernant la dernière question, « Comment l'entrepreneur décide-t-il ? », elle se passe de commentaires tant elle est précise dans sa formulation sur la décision. Toutefois, précisons que cette dernière question est plus récente que les précédentes. On peut comprendre à travers cette question le fait que l'entrepreneuriat soit arrivé à une certaine maturité par rapport au paradigme de la décision entrepreneuriale. Les travaux sur l'effectuation (Sarasvathy, 2001 et 2008) sont emblématiques de ce paradigme de la décision qui a structuré au fil du temps les approches dans le domaine de l'entrepreneuriat.

Si nous considérons qu'il est nécessaire de penser l'entrepreneuriat autrement, il convient toutefois de ne pas jeter le bébé avec l'eau du bain. En effet, les différentes approches, qu'elles soient fondées sur la réflexion ou sur la pratique par rapport à la décision, ont permis de faire avancer considérablement l'entrepreneuriat à travers le paradigme de la décision entrepreneuriale. Notre propos n'est pas de dire qu'il n'est pas bon de se focaliser sur la décision entrepreneuriale mais, plus précisément, qu'il n'est pas bon de se focaliser exclusivement sur elle. Précisons notre pensée. Se limiter à la décision entrepreneuriale, de façon implicite, signifie que la décision est l'élément essentiel dans l'entrepreneuriat et, en tant qu'élément essentiel, elle prime sur tout et notamment sur l'action, l'expérience ou, plus encore, sur les situations que l'entrepreneur est amené à vivre. Or, notre propos est de souligner que le paradigme de la décision apparaît comme réducteur de la complexité de l'entrepreneuriat et n'est pas approprié à certaines situations, quand bien même il le serait à d'autres[1].

---

1 Nous verrons ultérieurement que le paradigme de la décision entrepreneuriale convient très bien pour ce qu'il convient d'appeler « la phase de cristallisation ».

> **Exemple**
>
> Reprenons le cas de Noah présenté précédemment. À la suite de sa rencontre avec une personne de la structure d'accompagnement, elle se souvient être interrogatrice de la démarche proposée. En effet, après réflexion, Noah s'interroge sur la pertinence de faire un plan d'affaires alors qu'elle considère son projet avant tout comme une idée qu'elle a besoin de confronter à d'autres plutôt de la développer dans son coin autour d'un plan d'affaires.
> Noah s'interroge aussi sur les compétences évoquées. Des compétences, elle considère qu'elle en a par rapport à sa formation. Son étonnement porte aussi sur le fait qu'entreprendre ne peut pas s'improviser et qu'elle aurait bien besoin d'aller sur le terrain pour acquérir de l'expérience entrepreneuriale. De l'expérience, elle en a aussi. Elle a travaillé pendant trois ans en apprentissage durant sa formation et deux ans dans une agence de webmarketing. Elle comprend bien derrière tout cela que l'objectif est de l'aider à prendre des décisions et surtout de permettre aux acteurs de l'accompagnement de prendre des décisions par rapport à son projet. Or, le risque serait bien de tomber dans un confort infertile autour de la prise de décision. Non, ce que Noah ressent comme besoin, c'est d'aller sur le terrain, de faire ses premières preuves qui montreraient autant à elle qu'aux autres personnes que son idée est robuste et qu'il peut y avoir du potentiel derrière cette idée. Pour elle, la question n'est pas de savoir si elle décide ou non de créer une entreprise mais plutôt comment les acteurs de l'écosystème voient son projet. Qui pourrait être intéressé par ce qu'elle propose ?

Ce que Noah souhaite ressemble donc à la possibilité de se construire une expérience entrepreneuriale. Pour cela, il est donc nécessaire de sortir du paradigme de la décision entrepreneuriale pour se placer dans un autre paradigme, le paradigme de l'action autour d'une question centrale : comment agit l'entrepreneur ?

L'agir entrepreneurial

Nous voudrions donc nous affranchir de cette hypothèse implicite de séparation entre décision et action liée au paradigme réducteur de la décision entrepreneuriale. Car nous projetons de proposer un autre paradigme basé sur la formation de l'entrepreneuriat et permettant la reliance[1] entre décision et action. Cela nous semble en effet plus en adéquation avec la complexité évoquée de l'entrepreneuriat ; il s'agit du paradigme de l'agir entrepreneurial (Schmitt, 2015). Le terme « agir » est intéressant en ce sens qu'il permet de rassembler en faisant du lien non seulement la décision et l'action tout en y intégrant l'expérience, mais aussi l'intentionnalité de l'entrepreneur, son futur souhaité… et cela sans pour autant mettre en avant l'une ou l'autre de ses composantes. Il faut entendre par « agir entrepreneurial » l'expérience que se fait l'entrepreneur en situation en lien avec son écosystème pour entreprendre, c'est-à-dire pour favoriser la décision et l'action entrepreneuriale à partir d'une intentionnalité transformée en projet entrepreneurial. Cela permet en effet de relier un futur souhaité à un contexte présent afin de créer du sens. À travers cette définition, plusieurs notions sont mises en évidence.

> **Mise en situation**
>
> Pour les comprendre, prenons une image dans un autre domaine : le rugby. En effet, on pourrait dire qu'entreprendre, c'est comme faire du rugby si l'on n'en a jamais fait. Il s'agit pour le joueur de rugby comme pour l'entrepreneur de s'y essayer pour acquérir une expérience, comprendre le fonctionnement de l'intérieur, les règles, les pratiques, bref pouvoir agir en situation. Imaginons que nous connaissions quelques éléments en matière de rugby mais que nous n'en soyons pas des experts. C'est un sport qui se joue avec un ballon ovale, deux équipes de quinze joueurs s'affrontent et un arbitre a pour mission de faire respecter les règles de fonctionnement. Cela correspond bien à la situation rencontrée par les entrepreneurs. Cette situation peut varier en fonction de l'expertise qu'à l'entrepreneur de la situation. Autant l'équipe qui gagne est celle qui a marqué le plus de points à la fin des quatre-vingts minutes, autant l'entrepreneur qui réussit n'est pas celui qui crée une entreprise, mais celui qui arrive à faire adhérer les acteurs de son écosystème à son projet entrepreneurial.

Ne nous trompons pas : quelle que soit la situation de l'entrepreneur, il se doit de développer son expérience en situation. L'expertise dans un

---
[1] État de toutes choses qui sont connectées, reliées entre elles, dans une relation interpersonnelle.

domaine particulier ne doit pas être considérée comme une expertise entrepreneuriale suffisante. Loin s'en faut. En effet, ce n'est pas parce que l'on est un bon joueur de football que l'on sera un bon entraîneur, ce n'est pas parce que l'on fréquente assidûment un bar que l'on saura le gérer... Partant de ce constat, nous nous retrouvons sur un terrain de rugby sans en connaître toutes les règles. La posture de se retrouver sur le terrain n'est pas neutre. En effet, souvent, l'image qui est prise en entrepreneuriat est celle d'une personne qui est spectatrice d'un match dont elle ne comprend pas les règles. C'est ce que l'on retrouve par exemple dans les analyses sectorielles : une certaine distanciation par rapport au terrain. Dans ce cas de figure, nous restons dans la contemplation. L'action est absente de la situation. Dans notre cas, en étant sur le terrain, cela oblige à comprendre et à agir en fonction de la situation. Le coup d'envoi est donné, nous nous retrouvons à comprendre le sens du jeu, à comprendre la position des coéquipiers, la position de l'adversaire, à comprendre les fautes commises, les points marqués, les applaudissements ou les sifflets des spectateurs, le rôle de l'arbitre, de l'entraîneur... En d'autres termes, il s'agit de connaître les acteurs de l'écosystème et de comprendre leur interaction. En étant acteurs de la partie, nous nous retrouvons dans un processus d'essai-erreur par rapport à notre position sur le terrain. Il y a de nombreux paramètres à prendre en considération. Nous devons agir et prendre des décisions pour développer notre propre expérience du jeu.

L'entrepreneur se retrouve dans cette situation. Il est entouré de nombreux acteurs, avec des rôles spécifiques, des pratiques différentes, des règles qui appartiennent à leur activité... Il est donc amené à identifier les experts de son domaine et leurs interactions. Pour cela, il s'essaie en situation afin de développer sa pratique de l'entrepreneuriat. Le ballon de rugby de l'entrepreneur est son projet entrepreneurial qui permettra de relier les acteurs de l'écosystème entre eux en lui donnant un sens qui est propre à l'entrepreneur. Le ballon de rugby, tel le projet entrepreneurial, agit comme un artefact entre l'ensemble des acteurs de l'écosystème, y compris l'entrepreneur. Cet artefact va cristalliser l'intentionnalité de l'entrepreneur, sa représentation du monde, ses valeurs et les traduire auprès des acteurs de son écosystème. Il se peut que cette traduction ne se fasse pas convenablement ; ce serait comme une mauvaise passe. Il faudra alors améliorer cette traduction à destination des acteurs de l'écosystème. En s'y pratiquant à différentes reprises, l'entrepreneur se forge une expérience, une compréhension de ce que l'on peut attendre de lui, de l'écosystème et de son fonctionnement, de l'image que les uns et les autres ont de son projet. Voilà comment nous considérons l'entrepreneuriat. Nous nous inscrivons donc dans une logique avant tout phénoménologique basée sur la construction d'une expérience en situation pour créer du sens au niveau de l'entrepreneur. Cette construction de sens est un élément important au niveau de la prise de décision et des actions menées par l'entrepreneur. À travers cette définition, nous retrouvons la thématique centrale de l'ouvrage, évoquée précédemment et formant la fabrique de l'entrepreneuriat.

L'essentiel

▶▶ **L'entrepreneuriat,** longtemps considéré comme un tabou par rapport au salariat et au fonctionnariat, jouit actuellement d'une image positive.

▶▶ **La façon de considérer l'entrepreneuriat** est essentiellement envisagée comme la capacité de l'entrepreneur à prendre des décisions.

▶▶ **Entreprendre** ne consiste pas seulement à prendre des décisions mais à agir. La réunion des deux, décision et action, forme le socle de l'agir entrepreneurial.

Chapitre 2

La complexité actuelle de l'entrepreneuriat

Évoquer la complexité pour parler d'entrepreneuriat ne doit pas être considéré comme une coquetterie intellectuelle. Au contraire, cela amène à proposer un regard différent sur l'entrepreneuriat. Mieux, parce qu'il convient de casser les stéréotypes dans lesquels l'entrepreneuriat est enfermé depuis quelques décennies. Dans cette partie, nous projetons de discuter du mythe persistant de l'entrepreneur-héros, de l'importance des phases en amont au niveau de l'entrepreneuriat, ainsi que de celle des personnes autour de l'entrepreneur à travers les seconds rôles et, plus généralement, des acteurs de l'écosystème afin de développer les conditions favorables autour de l'entrepreneur.

Sortir du mythe de l'entrepreneur-héros

Les différentes dimensions de l'entrepreneuriat évoquées précédemment ont amené à considérer l'entrepreneuriat sous un angle particulier, celui du héros solitaire. Or, là, nous avons clairement affaire à un mythe. C'est le héros des temps modernes que nous cherchons à travers l'entrepreneur. Il est la figure de la réussite, notamment grâce à sa capacité à voir des choses que les autres ne voient pas et à prendre les bonnes décisions au bon moment. Nous en voulons pour preuve le nombre de livres portant sur la biographie d'un entrepreneur ayant fait preuve d'une réussite extraordinaire. Nous écrivons « extraordinaire » car la réussite ordinaire n'intéresse pas ces ouvrages. En fait, elle intéresse peu car elle renvoie trop à une image accessible à tout le monde dans l'entrepreneuriat. Personne ne vous parlera de l'entrepreneur du coin car il fait partie d'un quotidien et ne véhicule pas l'image fantasmée de la réussite. Cette image d'Épinal se retrouve dans d'autres médias de communication comme la télévision qui montre dans ses émissions avant tout des entrepreneurs qui réussissent, qui défraient la chronique, qui sont en rupture par rapport à l'existant. Dans cette dernière perspective, l'entrepreneur est sous certains aspects édifié comme un demi-dieu vivant, dans la mesure où il est capable de création. Cette création, comme le soulignent Julien et Cadieux (2010), peut prendre différentes formes comme la création de valeur, la création d'une organisation, la création d'emplois, la création d'un nouveau marché, la création d'un nouveau produit ou d'un service… Toutefois, assimiler l'entrepreneur à la création semble restrictif mais ô combien confortable pour tout le monde. En tout cas, la restriction vient conforter le côté extraordinaire de l'entrepreneuriat. Cela s'est encore accéléré quand des personnes se sont penchées sur les compétences distinctives de l'entrepreneur. Si nous souhaitons en faire un demi-dieu vivant, il faut lui trouver des capacités qui sortent de l'ordinaire. Celle qui a été le plus souvent mise en avant, c'est la capacité de vision. L'entrepreneur serait doté d'une capacité à anticiper l'avenir, lui permettant de voir les opportunités qui vont faire sa réussite. Si nous ne sommes pas contre cette idée de vision, il convient largement de la relativiser. Toute personne a cette capacité. Celle-ci est utilisée essentiellement dans les activités à projet. De façon plus générale, à partir du moment où la personne envisage et réfléchit à une situation future, elle met en œuvre sa capacité de vision.

> **Exemple**
>
> Dans les exercices, pour faire prendre conscience aux personnes de leur capacité de vision, nous demandons par exemple d'imaginer un projet à court terme et un projet à long terme. Nous demandons pour le projet à court terme de définir en trois mots leurs prochaines vacances. Concernant le projet à long terme, nous leur demandons de dessiner la maison de leurs rêves. Dans les deux cas, les personnes n'ont aucune difficulté à exprimer ces deux projets. Cela se comprend notamment par le fait que les personnes ont une expérience, une connaissance de leur environnement. Elles évoluent dans un univers considéré comme relativement familier pour elles. Cette familiarité est un élément important pour construire une vision. Il est clair que celle-ci peut paraître extraordinaire pour des non-initiés. À la fin de l'exercice, nous expliquons aux personnes qu'elles ont fait acte de construction d'une vision.

L'entrepreneur n'agit pas différemment. Il construit une vision plus ou moins explicite qui va servir de fil conducteur de ses actions.

Il convient de préciser que nous ne sommes pas dans une situation de planification. La construction de l'entrepreneuriat se fait « chemin faisant » (Avenier, 1997). Toutes ces actions, sous certains aspects, sont intéressantes pour la promotion de l'entrepreneuriat, mais elles renvoient toutes à une image stéréotypée de l'entrepreneur. Cela s'accentue ces derniers temps par la mise en scène de l'entrepreneur à travers des pitchs. L'entrepreneur doit faire rêver son auditoire. Ces différentes actions illustrent bien la focalisation faite sur l'entrepreneur, comme sur son pouvoir de séduction.

L'importance des phases amont

En 2015, la France a compté 525 091 entreprises nouvelles sur le territoire. Globalement, à partir de 2009, le chiffre de création d'entreprise a explosé en France. Cela s'explique par l'introduction d'un nouveau statut : le statut d'autoentrepreneur. En dehors de ce changement structurel, les indicateurs de la création d'entreprise oscillent dans les mêmes fourchettes, autour de 300 000 créations d'entreprise. Un autre chiffre qui passe souvent inaperçu mais qui semble lourd d'enseignement : l'âge moyen des créateurs d'entreprise, lequel est de 38 ans. Cela se comprend aisément : demander aux jeunes s'ils souhaitent créer une entreprise montre que très peu parmi eux ont cette ambition. Nombre de rencontres faites avec des collégiens, des lycéens et des étudiants nous amènent à penser que la création d'entreprise n'est pas envisagée comme une voie d'insertion professionnelle par les jeunes. Cela correspond plus à une évolution d'un parcours professionnel. Cet âge moyen vient corroborer les propos souvent entendus ici et là : « Pour entreprendre, il faut de l'expérience professionnelle, il faut avoir un capital de côté, s'être fait un réseau. » Dit autrement, si l'on est jeune, que l'on n'a pas d'argent et que l'on n'a pas d'expérience, il sera quasi impossible d'entreprendre. Ces dernières années ont vu aussi non seulement la simplification administrative, mais aussi la recherche d'une meilleure cohérence entre les acteurs de l'entrepreneuriat, tant au niveau de l'accompagnement qu'au niveau du financement de l'entrepreneuriat. Ces différents éléments amènent à penser que les améliorations proposées ne permettent pas de changements notables en termes de création d'entreprise. En bref, il est possible d'avancer que les actions menées en matière d'entrepreneuriat ne permettent finalement que d'améliorer ce qui existe déjà. On est dans la sophistication de ce qui existe déjà ; on pourrait tout autant dire, pour emprunter les propos de Watzlawick (1975), qu'il s'agit « toujours plus de la même chose ». Il convient donc de sortir du cadre afin d'envisager l'entrepreneuriat autrement. Pour nous, l'entrepreneuriat ne se joue pas dans les décisions à prendre, autrement dit, non dans les phases en aval de l'entrepreneuriat, mais bien dans les phases en amont, là où l'entrepreneur se pose beaucoup de questions et qu'il n'est pas sûr de vouloir créer une entreprise. Longtemps, en France, les moyens humains, techniques et financiers se sont focalisés essentiellement pour aider la création d'entreprise. Or, par expérience, il faut pouvoir appuyer aussi les phases en amont afin de permettre aux personnes de se faire une expérience entrepreneuriale. Les deux dimensions sont importantes mais ne peuvent être gérées de la même façon.

Nous avançons avec force et conviction qu'il n'y aura pas plus de créations d'entreprise si nous ne permettons pas aux futurs entrepreneurs de se faire une première expérience dans le domaine. Nous ne connaissons pas d'entrepreneur qui ait réussi du premier coup. Il faut donc pouvoir permettre aux entrepreneurs de se forger de l'expérience. Cela amène à se poser des questions sur le financement, l'accompagnement, la formation... de cette phase en amont. Certes, ce constat n'est pas forcément nouveau pour les initiés à l'entrepreneuriat mais peu de chose ont été faites dans le domaine. À qui revient la faute ? C'est une responsabilité collective qui est fortement liée à l'image de l'entrepreneuriat véhiculée par la société. En financement et en accompagnement des créations d'entreprise, on minimise les possibilités de perte de temps et de perte financière allouées à un projet. Malheureusement, le financement ne concerne que ceux qui sont près de créer leur entreprise. L'aberration du système est finalement de créer une entreprise en vue d'obtenir des aides financières à la création d'entreprise. Financer la phase en amont semble plus risqué dans la mesure où la probabilité de création d'entreprise est encore faible. Il nous semble que l'on se trompe d'unité de mesure. En effet, lorsque l'on parle de la phase en amont, il s'agit avant tout d'amener les personnes à être entreprenantes avant d'être des entrepreneurs. Sans cette phase intermédiaire, il sera difficile d'amener les personnes à être des entrepreneurs et à créer des entreprises. Ainsi, dans la phase en amont, faut-il favoriser le droit à l'erreur et avancer sur le mode essai-erreur. En effet, bon nombre de projets meurent dans les premiers temps, faute de moyens pour passer un premier cap, comme finaliser un prototype, participer à un salon professionnel, fabriquer un item pour faire ses premières ventes, voire donner confiance au porteur du projet...

Il est illusoire d'attendre un retour sur investissement pour chaque euro placé dans un projet entrepreneurial. Et ce n'est pas en ne finançant que la phase en aval qu'il est possible de se prémunir de ce risque. Financer la phase en amont a plusieurs vertus : les besoins financiers sont, en effet, moindres que dans les phases en aval. Il est possible de toucher plus de projets et, surtout, cela favoriserait le développement de la culture entrepreneuriale sur un territoire donné. Bien que, trop souvent, ce soit le contraire qui est considéré, la réussite d'un projet se joue très en amont, bien avant de pouvoir vendre un produit ou un service, bien avant de faire un plan d'affaires comme nous pourrons l'envisager dans le reste de l'ouvrage. Au final, c'est donc tout l'écosystème de l'entrepreneur qui doit évoluer aussi. Paradoxalement, dans le cadre des démarches que nous avons mises en place, il semblerait que moins l'on parle de création d'entreprise, plus l'on a de création d'entreprise. Cela peut se comprendre comme la volonté des personnes que nous rencontrons à porter avant tout un projet qui traduise leur engagement, leur vision de la société plutôt que leur volonté de créer une entreprise. La création d'entreprise devient la conséquence de l'entrepreneuriat et non sa finalité.

L'importance des seconds rôles

L'accent est clairement mis sur l'entrepreneur et sur le résultat à atteindre : la réussite. Par contre, le processus mis en place par l'entrepreneur est quasiment absent. Ainsi, l'image que la société peut avoir de l'entrepreneuriat et de l'entrepreneur conditionne largement un grand nombre d'actions dans le domaine. Nous le voyons aussi par exemple dans les financements dans le domaine de l'entrepreneuriat où, trop souvent, les investisseurs se focalisent sur le résultat (la création d'entreprise) et négligent malheureusement tout le processus entrepreneurial (les décisions à prendre et les actions à mener lors de la démarche entrepreneuriale). Il en va de même au niveau politique, où la plupart des aides sont en lien avec la création d'entreprise et le résultat du processus entrepreneurial plus qu'avec le processus lui-même. En d'autres termes, la preuve de réussite doit être présente pour minimiser les risques. En effet, il existe peu d'aides permettant aux entrepreneurs de faire leur première action pour s'essayer (permettre de mettre en place un prototype, une première expérience, des rencontres avec l'écosystème). Peu d'aides se consacrent aux projets en émergence. En effet, si l'on faisait une analogie avec l'adage selon lequel « on ne prête qu'aux riches », on pourrait bien dire alors qu'« on n'aide que ceux qui souhaitent créer une entreprise ». Car il y a une volonté de minimiser les pertes au niveau des aides allouées. Une telle posture s'inscrit dans ce qu'il convient d'appeler les prophéties autoréalisatrices selon quoi « financer un projet entrepreneurial permet la création d'entreprise ». Or, il faudrait bien aider pour voir, c'est-à-dire aider des porteurs de projet dans leur phase en amont pour leur donner confiance, pour leur permettre de faire leur démonstration et pas uniquement pour créer une entreprise.

Il est possible ici de prendre l'image du jeu de poker, où le joueur paie pour voir le jeu de l'autre : c'est une anticipation que le joueur fait sur le jeu de son adversaire. Un autre exemple pourrait être évoqué, celui des formations en entrepreneuriat qui se sont largement focalisées sur le plan d'affaires et/ou sur l'entrepreneur, occultant encore une fois le processus entrepreneurial. Dit autrement, personne ne veut prendre de risque en amont alors que la construction de la réussite se joue à ce moment-là. À qui revient la faute ? Il n'y a pas de responsabilité individuelle dans cette situation. Il y a bien plutôt une responsabilité collective, notamment à travers l'image véhiculée de l'entrepreneuriat. En effet, rares sont les discours, les revues, les livres ou les émissions qui parlent de l'écosystème entourant l'entrepreneur et qui auraient permis le développement du processus entrepreneurial et sa réussite. C'est comme si ce processus ne jouait aucun rôle dans la réussite entrepreneuriale. L'entrepreneuriat serait comme un iceberg dont on ne s'occuperait que de la face visible. Les conséquences en sont négatives sur l'image de l'entrepreneuriat. En se focalisant sur la partie visible, l'impression est donnée d'une certaine facilité, voire d'une certaine rapidité pour réussir. L'entrepreneuriat, dans sa démocratisation, devient un miroir aux alouettes : des déceptions naissent auprès des entrepreneurs potentiels qui découvrent une autre réalité autour du processus entrepreneurial. Nombre de travaux l'ont spécifiquement montré (Cohen, 2008, Nlemvo et Witmeur, 2010, Filion, Ananou et Schmitt, 2012). Plus précisément, lorsque l'on creuse le processus entrepreneurial des entrepreneurs, il y a toujours des hommes ou des femmes qui ont joué un rôle important. Pas seulement technique, mais aussi psychologique, en permettant de développer de la confiance au niveau de l'entrepreneur, une meilleure estime de soi, bref en posant un regard positif sur ce que l'entrepreneur est en train de mettre en place. Ce rôle n'a l'air de rien et, pourtant, il est très important. Il est largement sous-estimé dans le mythe de l'entrepreneur qui, pour réussir, doit apparaître dans une réussite solitaire. Évoquons le statut essentiel des seconds rôles, pour reprendre le terme mis en évidence par Filion (2017) pour qualifier ces personnes jouant un rôle moteur dans le processus entrepreneurial.

Comme le montre Filion (2017) de manière fort pertinente, un entrepreneur n'est jamais seul. Il est important de le considérer dans son écosystème pour comprendre les interactions dans lesquelles il est impliqué (Julien, 2005). À travers son ouvrage, un paramètre particulier est mis en évidence alors qu'il est peu présent, voire absent dans la littérature de l'entrepreneuriat : celui des seconds rôles. Tel dans un film, souvent, le premier rôle crève l'écran, éclipsant tout ou en partie le rôle pourtant fort décisif d'une personne dans l'entourage de l'acteur principal. En effet, que seraient Don Quichotte sans Sancho Pança ou encore Sherlock Holmes sans son fidèle docteur Watson ? Que serait Thésée sans Ariane ? Et Jason sans son Centaure ?

À travers les seconds rôles se construit un écosystème favorable à l'entrepreneur. En y croyant, on commence dès lors à sortir de la vision centripète dans laquelle l'entrepreneuriat s'est développé. Ce second rôle apporte notamment un effet miroir important à l'entrepreneur dans la construction de son processus entrepreneurial et lui permet non seulement de gagner de la confiance et de l'estime de soi, mais de passer des étapes dans le projet en voie de concrétisation. On pourrait bien appréhender ce second rôle comme un regard réflexif offert à l'entrepreneur par rapport à son projet, celui-là pouvant bien être entrepreneur ou non. En tout cas, il a une expérience qu'il partage avec l'entrepreneur. On voit ici clairement apparaître par exemple l'intérêt du mentorat. Il est possible aussi, de façon plus rare, que cette personne joue le rôle d'antimodèle par rapport à ce qu'il convient de ne pas faire. Comme évoqué avec les exemples tirés de la littérature, les seconds rôles s'effacent pour permettre à celui qui a le rôle principal de pouvoir avancer, voire se réaliser. Pour l'aspect temps, l'idée de second rôle n'est pas à prendre comme un rôle définitif. En effet, l'entrepreneur peut vouloir s'émanciper de la personne ayant ce second rôle. De plus, cette place de second rôle dépend de ce que la personne peut apporter à l'entrepreneur. Celle-ci peut être un passeur, un facilitateur, un mentor, un coach, une aide à la prise de conscience... et l'apport y afférent peut être très bref dans le temps. Quoi qu'il en soit, cette rencontre fait évoluer différemment le projet ou lui ouvre de nouvelles portes.

La construction d'un écosystème favorable

Au-delà de ces seconds rôles, l'entrepreneur a besoin d'un écosystème favorable autour de lui. Plus précisément, il a besoin de construire son propre écosystème. Il ne s'agit pas de comprendre par « écosystème favorable » un écosystème aveugle dans lequel les personnes diront continuellement à l'entrepreneur que tout va bien quand ce n'est pas le cas. L'émergence de la notion d'écosystème dans le discours, que cela soit au niveau de la recherche ou encore au niveau des praticiens, est intéressante. Elle dénote une inflexion intéressante de la représentation des relations pouvant exister entre l'entrepreneur et son environnement. Auparavant, on parlait plus volontiers de marché, de concurrence, de client, de secteur d'activité, puis on s'est mis à parler de partie prenante et, à l'heure actuelle, on parle d'écosystème. On est toujours dans une logique de relation à l'autre, mais l'état d'esprit n'est plus le même. En effet, on est passé d'un lexique où la relation à l'autre est envisagée de façon rationnelle, où l'autre est envisagé avant tout à travers sa fonction, à un lexique où la relation à l'autre s'inscrit dans une « logique partenariale ». Il est étonnant de voir dans la littérature classique, jusqu'à nos jours, la manière dont la notion de l'autre est envisagée dans le vocabulaire de l'économie et de la gestion. Il suffit de regarder les ouvrages sur la stratégie pour s'en convaincre. En effet, les prémices de la stratégie renvoient au traité de stratégie militaire de von Clausewitz datant de 1812. On peut y voir les dommages collatéraux d'une logique basée sur la rationalité où, en cherchant à optimiser, on n'est pas forcément dans des situations gagnant-gagnant, bien au contraire. Si, dans une relation, chacun ne se retrouve pas gagnant d'une certaine manière, le rapport à l'autre se construit dès lors dans la méfiance. Toutefois, aller vers une logique partenariale n'est pas *ipso facto* le garant d'un résultat gagnant-gagnant. Cela nécessite, en effet, l'instauration d'une confiance mutuelle qui, *a priori*, n'est pas présente dans la relation rationnelle.

L'intérêt de cette notion d'écosystème est multiple. Tout d'abord, elle amène les entrepreneurs à interroger leur environnement et à se l'approprier. La notion d'environnement peut être considérée comme une donnée qui s'impose à l'entrepreneur, c'est-à-dire que l'environnement s'impose à l'entrepreneur, renvoyant à une logique de stimuli Þréponse. C'est la posture que l'on retrouve par exemple chez les évolutionnistes. D'autres approches par la suite ont mis en évidence l'importance des réseaux pour l'entrepreneur (Granovetter, 1985 ; Julien, 2005). Ces réflexions trouvent leur origine dans les travaux de Bourdieu sur le capital social (1980, p. 2-3). Celui-ci se définit comme « l'ensemble des ressources qui sont liées à la possession d'un réseau durable de relations plus ou moins institutionnalisées, d'intercommunications et d'interconnaissances ; ou en d'autres mots, qui sont liées à l'appartenance à un groupe, comme ensemble d'agents qui ne sont pas dotés de propriétés communes [...], mais sont aussi unies par des liaisons permanentes et utiles ». La traduction concrète de ce concept a conforté notamment le développement de réseaux institutionnels pour l'entrepreneur. L'idée de ces réseaux était de rompre l'isolement de l'entrepreneur, de le familiariser avec leur importance et de lui permettre de collecter de l'information pour sa propre activité. Beaucoup de réseaux existent, segmentant l'entrepreneuriat, allant des réseaux généralistes à des réseaux portant sur l'économie sociale et solidaire, de jeunes, d'étrangers ou encore de femmes. En somme, il y a possibilité pour chacun de trouver un réseau à sa taille. Néanmoins, beaucoup de réseaux ont perdu leur raison d'être et n'ont pas su remettre en cause leur approche et leur vision de l'entrepreneuriat, s'étant trouvés dépassés par de nouveaux réseaux qui se mettent en place sans passer par les acteurs traditionnels des réseaux en entrepreneuriat.

En regardant les personnes présentes dans les événements en lien avec l'entrepreneuriat, force est de constater que l'entrepreneur draine beaucoup d'intérêt, voire d'espoir car il représente la relève du développement économique futur pour le territoire. On peut compter 1 entrepreneur pour 3, voire parfois 1 entrepreneur pour 5 personnes présentes. On peut se poser la question suivante : « Comment se fait-il qu'en dépit du grand nombre de personnes qui s'intéressent à l'entrepreneuriat, il n'y ait pas plus d'entrepreneurs ? » Là encore, la réponse qu'il est possible d'apporter réside dans le constat que ces réseaux font « toujours plus de la même chose ». On est dans le paradoxe dénoncé par Ilich (1971) où, de façon générale, les structures ont pour finalité non plus une perspective sociétale mais la simple reproduction de leur structure. Ainsi, pour beaucoup, l'organisation et l'animation des réseaux sont-elles la justification de leur existence, au détriment de l'entrepreneur. Dans une forme plus active, l'entrepreneur construit des relations avec son environnement, construisant de fait son écosystème. Dans cette optique, par exemple, les fournisseurs et les clients d'un projet entrepreneurial peuvent être des partenaires.

> **Exemple**
>
> Citons l'exemple de Dominika, d'origine polonaise, installée en France depuis son enfance et dont le projet porte sur l'import-export d'outillage pour l'industrie entre la Pologne et la France. Dans un premier temps, Dominika a développé son projet de façon très classique. Maniant très bien sa langue d'origine, elle a cherché et trouvé des fournisseurs en Pologne. Dans une logique très classique, comme elle se lançait dans le domaine, les fournisseurs lui ont demandé de payer d'avance le matériel

qu'elle souhaitait acquérir. De l'autre côté de la chaîne de valeur, elle a commencé à démarcher des clients potentiels en France. Ses arguments étaient les suivants : « Produits polonais : qualité équivalente aux produits allemands mais 30 % moins chers. » À son grand étonnement, cela a été un échec patent. Elle n'était pas arrivée à réussir la moindre vente.

Le travail que nous avons engagé avec elle l'a amenée à reconsidérer complètement son projet et sa relation avec son environnement. Nous avons travaillé dans une logique partenariale ; l'objectif en était de créer de la confiance au niveau des fournisseurs et des clients. Tout d'abord, il a fallu inverser la chaîne de valeur et partir du client pour mieux le connaître et, par conséquent, mieux le comprendre. Travaillant avec Dominika, nous avons pu mettre en place des retours d'expérience auprès des clients qui n'avaient pas acheté ses produits. Il ressortait deux choses essentielles parmi tout ce qui a pu être dit dans le retour d'expérience. Premièrement, les personnes de la production qu'elle a rencontrées n'étaient pas sensibles à l'argument prix, leur intérêt étant d'éviter des pannes de machines en ayant des produits sûrs, et non de payer moins cher les produits proposés. Deuxièmement, venant en conséquence du premier point, la qualité polonaise n'est pas aussi bien reconnue que la qualité des produits allemands dans le domaine de la production. En conséquence, les responsables de la production ou de la maintenance ont une confiance dans les produits utilisés et, donc, pourquoi iraient-ils sur un produit qu'ils ne connaissent pas ?

Forte de ces informations, Dominika, aidée à évoluer, a pu développer une autre relation avec les clients potentiels identifiés initialement. Nous lui avons posé la question suivante pour la faire évoluer : « Qu'est-ce que tu es prête à perdre ? » Sa réponse a été simple : son temps et le stock de produits qu'elle avait achetés à ses fournisseurs. Pour résumer la situation, son stock était sa dernière chance. Si elle n'arrivait pas à l'écouler, elle mettrait un terme à son projet.

L'orientation prise par rapport aux clients fut radicale aussi. Le scénario que nous avons construit ensemble était de laisser en dépôt-vente auprès des entreprises son stock de produits en invitant celles-ci à essayer les produits gratuitement et à revenir quelques semaines plus tard pour discuter de leur intérêt. Les résultats ont alors été surprenants pour Dominika : plus de 90 % de satisfaction à l'égard des produits placés. À partir de ces retours, elle engagea des discussions sur les aspects financiers avec les responsables des achats. Cette première étape a littéralement remonté le moral de Dominika. La seconde phase de la logique partenariale pouvait se mettre en place. Elle était capable de montrer aux fournisseurs polonais qu'elle arrivait à placer les produits. Bien sûr, ils l'ont interrogée sur la manière dont elle avait réussi, sachant que sa première expérience était négative.

> Elle leur a expliqué la logique de confiance qu'elle avait instaurée auprès des clients et leur a proposé de faire la même chose en leur expliquant que, si elle ne vendait pas le stock qu'elle achetait chez eux, cela aurait de lourdes conséquences autant sur la stabilité de sa petite entreprise que sur la leur et qu'il fallait donc l'aider s'ils voulaient se retrouver gagnants comme elle. Ce qu'ils ont fait avec une réussite pour tout le monde.
> Au final, l'entreprise de Dominika a développé un chiffre d'affaires de près de 200 000 € au cours des six premiers mois de son exercice et, l'année suivante, elle a pu embaucher une personne et a signé des contrats avec de grands noms de l'industrie française.

Voilà ce que nous entendons par la construction d'un écosystème favorable. Nous aurons l'occasion d'y revenir ultérieurement dans cet ouvrage, mais nous pouvons déjà avancer qu'il faut essentiellement travailler le rapport au monde de l'entrepreneur. L'écosystème n'est pas neutre, il doit favoriser l'action. Comme nous venons de le voir dans cet exemple, un entrepreneur n'est jamais seul. Il y a autour de lui des personnes qui ont des objectifs et des finalités différents, que ce soient les clients, les fournisseurs, les financeurs, les comptables, les juristes, la famille, les amis, les accompagnateurs, les mentors… L'objectif de l'entrepreneur ne doit pas se limiter à connaître ces personnes mais bien à être en interaction avec elles pour faire évoluer son projet entrepreneurial.

Nous pouvons conclure très simplement ce point en lançant cet appel : « Entrepreneurs, ne restez pas seuls avec votre projet, agissez pour construire votre écosystème ! »

L'essentiel

▶▶ **Comprendre l'entrepreneuriat aujourd'hui** nécessite de s'affranchir de certains mythes, comme celui de l'entrepreneur héros.

▶▶ **La compréhension de l'entrepreneuriat** passe souvent par la phase en aval, celle de la création d'entreprise. Il est urgent de s'intéresser à la phase en amont portant le processus entrepreneurial et générant la construction du projet y afférent.

▶▶ **La réussite entrepreneuriale** est souvent focalisée sur l'entrepreneur alors que des personnes dans l'entourage de l'entrepreneur, des seconds rôles, ont une importance déterminante dans cette réussite.

▶▶ **De façon plus générale,** l'entrepreneur est amené à se construire son propre écosystème pour développer son projet entrepreneurial.

Chapitre 3

Le modèle des 3M pour aborder la complexité actuelle de l'entrepreneuriat

La complexité vécue par l'entrepreneur montre bien l'évolution de l'entrepreneuriat ces dernières années. Cette complexité fait battre en brèche, comme évoqué précédemment, le paradigme de la décision entrepreneuriale. On ne peut plus résumer l'entrepreneuriat uniquement à l'entrepreneur et encore moins à ses décisions. Aussi proposons-nous de considérer l'entrepreneuriat autour de trois points : l'entrepreneur, les parties prenantes qui se retrouvent au sein de l'écosystème et surtout la construction par l'entrepreneur d'un artefact permettant le lien avec les parties prenantes. On parlera du modèle des 3M pour **M**oi (l'entrepreneur), **M**on projet (comme ensemble d'artefacts créés par l'entrepreneur) et **M**on écosystème (pour les parties prenantes de l'écosystème). Dans une perspective systémique, ces trois points sont envisagés de façon complémentaire, en interaction et en constante évolution.

Derrière l'idée du Moi, c'est l'entrepreneur qui est envisagé sous un angle original. Quand on parle d'entrepreneur, on ne saurait se limiter à ses caractéristiques psychologiques ou à ses compétences qu'on retrouve habituellement au niveau de l'entrepreneuriat, mais on cherche à s'intéresser, à partir de l'image même que l'entrepreneur se fait du monde qui l'entoure, à son intentionnalité. Comme nous le verrons, l'intentionnalité est le vecteur du paradigme de l'agir entrepreneurial, elle donne du sens notamment aux décisions et à l'action de l'entrepreneur ainsi qu'à son anticipation du futur, c'est-à-dire à son image du monde. Cette intentionnalité est à l'origine de ce qu'il va développer. En effet, à travers cette intentionnalité, l'entrepreneur a besoin de développer des artefacts à partager. Ces artefacts contiennent le sens construit par l'entrepreneur. Derrière l'idée d'artefact, on va retrouver des notions plus classiques comme l'idée, l'opportunité d'affaires, la vision... Finalement, quels que soient l'époque, l'accompagnement à l'entrepreneuriat, la formation à l'entrepreneuriat ou encore la recherche en entrepreneuriat, ils se sont toujours intéressés à un artefact en particulier. Aujourd'hui, nous proposons de considérer le projet entrepreneurial comme unité de réflexion en entrepreneuriat. Le projet entrepreneurial comme ensemble d'artefacts en est un élément central. Cette notion intègre la vision, l'idée, l'opportunité d'affaires... L'artefact va en effet servir au niveau de l'entrepreneur pour structurer sa pensée et son écosystème et aussi pour communiquer auprès des parties prenantes de son écosystème. Voilà donc la relation entre les trois dimensions que nous envisageons.

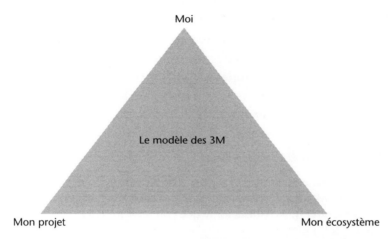

Figure 3.1 – L'organisation de l'entrepreneuriat autour du modèle des 3M

Moi en tant qu'entrepreneur, vecteur de l'agir entrepreneurial

L'intentionnalité, dans une acceptation phénoménologique, désigne la capacité qu'a la conscience d'un individu d'être dirigée vers un objet. Au niveau de l'entrepreneur, l'objet prend la forme du futur souhaité, d'actions permettant la réalisation de ce futur souhaité par l'entrepreneur. Cet objet est forgé des représentations de celui-ci et porte son empreinte (désir, volonté, rapport au monde...). Il ne faut pas confondre l'intentionnalité avec la notion d'intention entrepreneuriale que l'on retrouve dans beaucoup de travaux béhavioristes qui s'intéressent plus au désir d'entreprendre (Shapero et Sokol, 1982, Bird, 1988 ou encore de Krueger et Carsrud, 1993), de façon générale. L'intentionnalité, elle, s'intéresse à la représentation de l'individu dans son contexte, à la construction d'artefacts et à leur mise en action. Cette idée renvoie à la capacité de l'entrepreneur à jeter des ponts entre un futur souhaité et la compréhension actuelle de l'écosystème, pouvant être en lien avec son passé. Cette idée d'intentionnalité vient prolonger le fait que « ce n'est pas le passé, mais le futur, qui détermine le présent » (Watzlawick, 1988, p. 74). L'intentionnalité représente le futur souhaité par l'entrepreneur ? qu'il va traduire ensuite sous la forme d'artefacts afin d'en éprouver la robustesse auprès des acteurs de son écosystème. Par conséquent, il n'y a pas d'entrepreneuriat sans intentionnalité de l'entrepreneur. L'articulation des trois temps que sont le futur, le présent et le passé se fait de façon interactive.

> **Exemple**
>
> Pour illustrer cette interaction entre les trois temps, prenons l'exemple d'une activité d'anticipation qu'on utilise habituellement en formation pour montrer que ce mécanisme que l'on retrouve chez l'entrepreneur est un mécanisme généralisé au niveau des personnes, quelle que soit la situation où il est amené à concevoir son futur. Il est demandé aux personnes de donner trois mots pour caractériser leurs prochaines vacances. Cet exercice, simple en apparence, permet de travailler sur différentes dimensions, notamment sur l'interaction des trois temps et donc sur l'intentionnalité. À travers ces trois mots, on trouve les représentations qui portent son empreinte. Ainsi, si les trois mots sont « soleil », « découverte », « famille », le sens sera différent de celui de la personne qui évoquera « amis », « fête », « repos ».
> On voit bien que la façon d'exprimer les choses est fortement liée à la projection que l'on peut avoir des vacances. Cette projection sera conditionnée par rapport à la situation du moment (argent, disponibilité, envie…) et aussi à la situation passée (expérience malheureuse ou réussie).

À travers cet exemple, on voit le rôle joué par l'intentionnalité entre ces trois temps. Il n'y a pas *a priori* de préséance de temps pour aborder cet exercice. Nous voyons bien souvent, au niveau de l'entrepreneuriat, une dominance du futur du fait de la situation d'anticipation dans laquelle l'individu se retrouve. Il en serait différent si la consigne avait été autre, comme par exemple : « Rappelez-vous vos dernières vacances et imaginez vos prochaines vacances. » À travers cet exemple, nous retrouvons les bases de la différence entre la logique causale et la logique effectuale. En effet, dans la logique causale, nous recherchons les causes de la situation présente pour proposer une vision dans le futur. Il s'agit d'envisager le futur à la lumière du passé renvoyant aux logiques de transposition divinatoire évoquées précédemment. Cette logique fonctionne très bien pour des situations dites compliquées. La recherche de la cause semble toutefois inappropriée pour aborder des situations complexes, où la dimension humaine est importante : ce n'est pas juste en connaissant la cause de votre brouille avec un ami que vous aurez la solution à votre problème. En ce qui concerne la logique effectuale, elle s'intéressera non plus aux causes mais aux conséquences potentielles, au sens de l'anticipation envisagée et à la cohérence de cette anticipation. Dans la logique effectuale, le futur souhaité génère les actions à mettre en place dans sa direction même. Ces actions s'accomplissent « chemin faisant », autrement dit, l'entrepreneur avance et agit en marchant. Cette anticipation du futur souhaité est un artefact contenant l'intentionnalité de l'entrepreneur.

Toutefois, soulignons que si les différentes réflexions portant sur l'effectuation sont très intéressantes pour comprendre l'entrepreneuriat, il n'en demeure pas moins qu'elles sont limitées, dans la mesure où la notion d'intentionnalité est absente du modèle de l'effectuation (*cf.* figure 3.2). Nous souhaitons aller plus loin en précisant que cette capacité d'anticipation n'est pas l'apanage de l'entrepreneur. Plus précisément, il ne s'agit pas d'une catégorie de personnes qui seraient capables de vision entrepreneuriale, mais plus de situations dans lesquelles les personnes se trouvent. Ces situations sont dites « de conception », c'est-à-dire, selon Simon (1996), qu'elles renvoient à la capacité d'imaginer des dispositions visant à changer une situation existante en une situation préférée. Ainsi l'entrepreneur conçoit-il tout comme d'autres personnes. Certes, l'idée de partir en vacances n'est pas un projet entrepreneurial tel qu'on l'entendrait classiquement mais, cependant, les mécanismes cognitifs mis en place dans le début de la démarche entrepreneuriale se retrouvent d'une situation à l'autre à travers l'activité de conception, quelle qu'elle soit. Trop souvent, l'entrepreneur a été présenté comme un héros solitaire et doué de compétences singulières. Néanmoins, ce qui nous est donné de voir nous montre que ce sont des personnes nanties d'une capacité à anticiper un futur souhaité et que certaines vont utiliser ladite capacité dans une perspective entrepreneuriale. On voit ici poindre un point important lorsque l'on parle d'entrepreneuriat : c'est la capacité à concevoir et notamment la manière dont on pourrait aider les personnes dans cette capacité. Nous verrons plus tard[1] que c'est un enjeu essentiel que de pouvoir travailler sur cette capacité à concevoir afin d'amener des expériences dans ce domaine au niveau des futurs entrepreneurs. Proposons ici de considérer que les personnes qui se trouvent dans une situation où elles doivent développer une activité de conception et donc prouver qu'elles ont des capacités à concevoir, sont avant tout des personnes entreprenantes. Ainsi serait-il possible d'écrire que, pour entreprendre, il faut être avant tout entreprenant avant d'être entrepreneur.

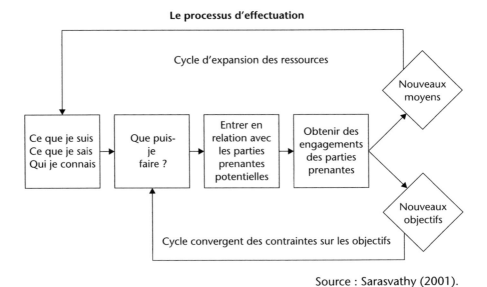

Figure 3.2 – Le processus d'effectuation

---

[1] Voir notamment les chapitres 4, 5 et 6.

Mon projet : un artefact qui reflète l'intentionnalité de l'entrepreneur

Étonnamment, la notion de projet est relativement absente des réflexions dans le domaine de l'entrepreneuriat. Alors que la communauté entrepreneuriale s'est construite essentiellement autour de quatre paradigmes (Verstraete et Fayolle, 2005), celui de l'opportunité d'affaires, de la création d'une organisation, de la création de valeur et de l'innovation, la notion de projet brille par son absence dans les débats sur l'entrepreneuriat (Schmitt, 2006). Nous avons, à travers différentes productions scientifiques (Asquin, Condor et Schmitt, 2012 ; Schmitt, 2006 ; Schmitt et Husson, 2014), proposé de considérer la notion de projet pour aborder l'entrepreneuriat. Jaziri et Paturel (2009) en font un paradigme structurant à part entière en entrepreneuriat. À travers ce point, il s'agit de montrer que l'entrepreneuriat est une activité à projet à part entière et un artefact particulier favorisant l'anticipation de l'entrepreneur en lien avec son écosystème, par le biais d'un projet entrepreneurial. Il permet donc de faire l'interface entre l'interne (l'entrepreneur) et l'externe (l'écosystème), renvoyant par là-même à l'idée de conception évoquée précédemment et développée par Simon (1996). Le projet entrepreneurial peut être compris comme un artefact favorisant l'anticipation d'un futur souhaité par rapport à une situation existante. Ainsi, le projet en tant qu'artefact agit-il de deux façons complémentaires : en favorisant la structuration et la communication.

En ce qui concerne la structuration, le projet entrepreneurial amène à une réflexion au niveau du porteur de projet (l'entrepreneur) pour savoir ce qu'il souhaite faire. L'idée de structuration renvoie à la notion de conception et de problématisation envisagée précédemment, permettant de définir le champ des possibles dans lequel l'entrepreneur souhaite s'engager : le projet entrepreneurial. Le projet peut être envisagé comme un artefact évolutif. En effet, cet artefact pourrait bien évoluer, notamment au contact de l'écosystème de l'entrepreneur. Plus précisément, l'entrepreneur va tester son projet auprès de son écosystème. C'est la partie consacrée à la communication avec les autres autour du projet entrepreneurial. On passe du dess**ein** au dess**in**, de la représentation interne à l'expression externe, à la volonté de développer un dess**ein** dans le but de réaliser un dess**in** (Boutinet, 1993), renvoyant à ce que Léonard de Vinci appelle le *disegno*[1]. Le projet en tant que dessein contient l'intentionnalité de l'entrepreneur. Il convient de lui donner vie pour qu'il puisse être partagé avec d'autres personnes. Le projet (dessein) se transforme alors en scénario (dessin), artefact partageable auprès des acteurs de l'écosystème de l'entrepreneur. Cette interaction va en retour engendrer des informations, des connaissances nouvelles faisant évoluer le projet entrepreneurial.

Le projet entrepreneurial peut aussi être considéré comme un processus global intégrant l'ensemble des éléments le constituant. Il ne s'agit pas d'un patchwork d'éléments mais bien avant tout d'une quête de sens par rapport à une intentionnalité traduite dans le projet entrepreneurial. On retrouve ici l'importance de cette intentionnalité qui va orienter l'agir entrepreneurial, c'est-à-dire l'action et les décisions entrepreneuriales. Il nous semble intéressant de revenir régulièrement dans un projet entrepreneurial à cette notion d'intentionnalité, pour envisager notamment la cohérence du projet entrepreneurial. En effet, il n'est pas possible d'évaluer si le projet va réussir ou non ; en revanche, il sera possible de juger si celui-ci est cohérent ou non. Cette notion de cohérence prend alors une dimension importante en entrepreneuriat, car elle permet d'aider l'entrepreneur dans son travail de structuration de son projet entrepreneurial. Il est alors possible d'envisager deux types de cohérences : la cohérence interne et la cohérence externe. La cohérence interne est pour l'entrepreneur la capacité d'organiser sa pensée autour du projet. De façon générale, il ne présentera pas son projet aux acteurs de l'écosystème si la structuration du projet ne lui convient pas. On voit ici la nécessité de travailler fortement cette dimension. Au-delà du fait qu'il est

---

1 Cette notion peut donc se différencier en *disegno interno* (dessein – conception) et *disegno externo* (dessin – réalisation).

nécessaire que l'entrepreneur soit en accord avec ce qu'il souhaite porter comme projet, il est important de travailler la confiance en soi et l'estime de soi. Il n'y a pas de cohérence interne sans ces deux notions. On le voit plus particulièrement chez les jeunes entrepreneurs ayant peu d'expérience professionnelle, voire de vie. Il n'est pas facile d'avoir une confiance en soi forte pour porter un projet entrepreneurial et, surtout, une estime de soi renvoyant à ses propres valeurs et à l'image que l'entrepreneur a de lui-même. Ces deux éléments ne se changent pas facilement. Cela renvoie encore une fois à la nécessité de faire évoluer la culture entrepreneuriale de notre société. Ces éléments participent activement à la cohérence interne du projet entrepreneurial. En ce qui concerne la cohérence externe, elle renvoie plus à l'idée de construction d'un projet permettant à l'entrepreneur de communiquer le projet aux acteurs de l'écosystème et de leur faire évaluer la cohérence du projet entrepreneurial. À ce niveau, il est possible de voir des incohérences entre le dessein et le dessin évoqués précédemment. La présence d'incohérences amènera alors à retravailler le projet entrepreneurial pour arriver à une cohérence externe acceptable pour les acteurs de l'écosystème. En effet, bien souvent, l'accompagnement des projets entrepreneuriaux se fait comme si les éléments du projet étaient bien définis et que l'entrepreneur était tout à fait au fait des tenants et aboutissants de son projet entrepreneurial. Or, très souvent, les projets sont à l'état gazeux et nécessitent un travail de cohérence interne et notamment un travail autour de la confiance en soi et de l'estime de soi. Le projet entrepreneurial nécessite quant à lui un travail de cohérence externe vis-à-vis des acteurs de l'écosystème. L'accompagnement entrepreneurial évolue lui aussi pour se porter sur des dimensions non plus uniquement techniques mais aussi basées sur la cohérence du projet. Le projet entrepreneurial comme artefact n'est rien sans l'intentionnalité de l'entrepreneur et sans les acteurs de son écosystème.

Au final, porter une réflexion sur la question de la place du projet entrepreneurial dans le domaine de l'entrepreneuriat peut paraître à certains égards étonnant. Tout particulièrement au niveau de la notion de projet, bien que cette notion ne soit pas nouvelle dans la littérature de gestion (Giard, Midler, Garel, 2004), elle demeure (malheureusement) très peu abordée dans le domaine de l'entrepreneuriat[1]. Les communautés liées à l'entrepreneuriat et au management de projet ne communiquent pas entre elles. Par rapport à ce constat, il devient intéressant, voire nécessaire, de rapprocher les réflexions dans le domaine de l'entrepreneuriat et du management de projet. Certes, dans l'ensemble, il ne s'agit pas des mêmes types de projets, mais un regard rapide montre qu'un certain nombre de notions sont présentes, comme la conception bien sûr, mais aussi la projection, l'avant-projet, le risque, la complexité, l'incertitude, l'approche globale, la gestion des interfaces, la coopération ou encore la vision. Dans cette perspective, le problème est désormais de transformer l'intérêt du projet entrepreneurial en méthode.

Mon écosystème : construire un cadre positif et engageant à partir des parties prenantes

Bien souvent, en management de façon générale et en entrepreneuriat de façon particulière, la notion privilégiée pour aborder la dimension externe est la notion d'environnement. Le souci de cette notion est double. Non seulement l'environnement est considéré comme une donnée qui s'impose à l'entrepreneur, mais aussi l'entrepreneur n'a pas de possibilité de faire évoluer cette donnée, encore moins de la changer. Des notions comme celle du réseau ou encore du capital social (Julien, 2005) sont venues modifier ce regard sans toutefois le remettre en cause. Ces notions ont en fait permis d'amener une dynamique dans la notion d'environnement. Il est donc possible encore une fois de considérer les choses sous un angle

---

[1] Ce constat est valable pour la littérature anglophone et francophone.

différent. À cette notion d'environnement, on pourrait bien ajouter la notion d'écosystème que nous avons déjà largement discutée. L'écosystème ne se positionne pas en contradiction avec l'environnement. Ce sont deux notions qui se complètent. Ainsi l'environnement correspond-il à l'aspect objectivable de la dimension externe de l'entrepreneur. À côté de cela, il est nécessaire d'envisager la partie construite de l'environnement, en l'occurrence l'écosystème de l'entrepreneur. En effet, l'écosystème est construit avant tout par l'entrepreneur. Nous insistons tout particulièrement sur cette dimension de construction, car c'est essentiellement l'entrepreneur lui-même qui va définir les acteurs avec qui il va être en contact et qui vont faire partie de son écosystème. Bien sûr, ce n'est pas gagné d'avance ; c'est pourquoi il conviendra de les rencontrer, d'échanger avec eux et de les faire adhérer au projet entrepreneurial envisagé et donc à l'intentionnalité exprimée dans son projet entrepreneurial. Cela implique notamment qu'au sein de l'environnement, il soit possible de mobiliser des ressources à travers un écosystème pour faire avancer le projet de l'entrepreneur. Ainsi, pour reprendre les travaux sur l'effectuation de Sarasvathy (2001 et 2008), on passe d'une logique selon laquelle les acteurs au sein de l'environnement sont envisagés à travers la notion de concurrence à une logique partenariale où l'écosystème fournit des ressources nécessaires à l'entrepreneur pour faire avancer son projet entrepreneurial. L'écosystème se construit donc à partir des personnes qui adhèrent au projet entrepreneurial proposé par l'entrepreneur. Il est, par conséquent, composé de personnes très hétéroclites.

L'articulation entre l'entrepreneur et son intentionnalité, le projet entrepreneurial et sa communication auprès des acteurs de l'écosystème forme ce qu'il est convenu d'appeler une « situation entrepreneuriale ». La situation entrepreneuriale vient contextualiser l'agir entrepreneurial.

> **Exemple**
>
> Voyons ce qu'il en est de Charles qui a une passion : le fitness.
> Il souhaite à terme ouvrir sa propre salle de sport et faire du coaching. Son intentionnalité autour de l'importance du corps et de son apparence l'amène à considérer que ce qui est bon pour lui peut l'être pour les autres. Sa volonté de monter une salle de sport et de faire du coaching constitue son projet. Il va décliner son projet sous forme de projet à destination des acteurs de son écosystème. Voilà donc comment se définit la situation entrepreneuriale de Charles.
> Hamza et Serge, eux, s'intéressent tout particulièrement aux objets connectés. Ils souhaitent développer un showroom physique et virtuel pour faire connaître les produits dans le domaine de la connectivité du quotidien. Le showroom en question constitue les artefacts de leur projet. Leur passion du numérique renvoie à une intentionnalité partagée autour de l'idée de mettre en lien les personnes. Par rapport à cela, ils ont dû construire un écosystème favorable pour faciliter le développement de leur projet entrepreneurial. Ils ont rencontré non seulement des clients potentiels par rapport à leur projet, mais aussi des fournisseurs pour les convaincre de travailler avec eux, des financeurs pour les aider dans leur projet et des bailleurs pour trouver un local où déployer leur projet. Là est la situation entrepreneuriale de Hamza et Serge.

À travers ces deux exemples, on voit bien que l'artefact est postérieur à l'intentionnalité. Il est la traduction de cette intentionnalité. Alors que l'artefact est extrinsèque à la conscience, l'intentionnalité apparaît comme étant immanente. Dans cette logique, l'écosystème est amené à découvrir cette intentionnalité à travers les artefacts développés par l'entrepreneur et, notamment, par le biais de son projet entrepreneurial. L'intérêt en matière d'entrepreneuriat se déplace dès lors pour s'intéresser à la relation entre l'intentionnalité de l'entrepreneur, la création d'artefacts et la construction d'un écosystème favorable pour l'entrepreneur. On parlera alors de « situation » pour envisager l'ensemble de ces éléments et leurs interactions. Cette évolution caractérise l'agir entrepreneurial. Nous sommes dans la globalité de l'entrepreneuriat, c'est-à-dire dans l'appréhension simultanée de l'entrepreneur, de son intentionnalité, de ses artefacts, de son écosystème et de l'interaction de ces éléments. Toutefois, si la situation nécessite tous ces éléments, une situation n'est pas pour autant « ce dont un individu est conscient à un moment donné » (de Fornel et Quéré, 1999). Comme le précise Goffman (1974), « si toute situation demande à être définie, en règle générale, cette définition n'est pas inventée par ceux qui sont impliqués ». Cette définition peut ne pas passer par une réponse explicite mais être incarnée dans l'action à travers la structuration et la communication des artefacts.

L'entrepreneur construit et participe à des situations entrepreneuriales sans toutefois en avoir une conscience claire et exhaustive. En nous appuyant sur les travaux de Le Moigne (1990) et de Morin (1990), il est possible de qualifier les situations entrepreneuriales de « complexes », c'est-à-dire qu'elles se caractérisent par un grand nombre d'interactions et d'incertitudes par rapport à ces interactions et à leur évolution, nécessitant un travail de représentation humaine. La situation entrepreneuriale peut être comprise comme ouverte, c'est-à-dire ne comportant pas de solution prédéterminée. Les réponses apportées vont fortement dépendre de la construction de sens faite par l'entrepreneur autour de la situation, donc dépendre de la problématisation faite par l'entrepreneur. La situation entrepreneuriale se définit alors comme l'ensemble des relations concrètes au milieu desquelles se trouvent un ou des entrepreneurs en lien avec leur écosystème, à travers des artefacts donnant du sens à la situation. Cette situation n'est pas donnée, elle est construite par l'entrepreneur en action en fonction de son intentionnalité et de son anticipation d'un futur souhaité et s'exprime autour d'artefacts.

La situation est évolutive dans le temps. Une situation entrepreneuriale est vue comme une construction ciblée et objectivée, façonnée par l'entrepreneur et comme le fruit d'une relation que le sujet entretient avec le monde par ses actes. À travers cette situation, le sujet se construit, construit donc des artefacts, construit du sens et participe à la construction d'autrui en relation avec la situation. Ainsi la situation entrepreneuriale est-elle par nature un lieu d'intersubjectivité où l'entrepreneur et les acteurs de l'écosystème vont échanger autour d'artefacts, comme le projet entrepreneurial produit par l'entrepreneur, permettant aux uns et aux autres de se nourrir de leurs pensées respectives. Cela signifie que la situation entrepreneuriale est le lieu de rencontre des représentations de l'entrepreneur et de l'ensemble des acteurs de l'écosystème.

La communication va favoriser les relations entre les différentes personnes en lien avec la situation entrepreneuriale. On retrouve ici les préceptes de l'agir communicationnel développés par Habermas. Ce dernier propose, en effet, une théorie de la société reposant sur la communication. Celle-ci n'est pas que banale et quotidienne, elle est aussi vitale dans la mesure où elle participe à un partage autour d'une projection commune, une reproduction des représentations du monde de chacun, à l'échange d'informations à signaux forts et à signaux faibles ou encore au processus d'apprentissage. Si nous sommes d'accord sur cette façon de voir les choses, de façon schématique, il est possible d'avancer que trois cas de figure s'offrent à l'entrepreneur. Le premier cas de figure renvoie au fait que l'entrepreneur et les acteurs de l'écosystème se comprennent à partir du projet entrepreneurial de l'entrepreneur. Dans ce cas de figure, les acteurs de l'écosystème adhèrent à la représentation proposée par l'entrepreneur. Ce cas est quasi idéal parce qu'il est rare que, dès la première rencontre, l'adhésion se fasse entièrement sur l'ensemble du projet. En tout cas, c'est vers cela que tend l'entrepreneur quand il s'engage dans un processus entrepreneurial. Le deuxième cas de figure correspond à un rejet de la part des acteurs de l'écosystème de la représentation proposée par l'entrepreneur à travers son projet entrepreneurial. Dans ce cas de figure, la non-adhésion de ces acteurs rend difficile pour l'entrepreneur la continuité de son projet. Il peut essayer de trouver d'autres acteurs dans l'écosystème qui pourraient adhérer à son projet entrepreneurial. De façon concrète, la récurrence d'une non-adhésion des acteurs de l'écosystème doit être un signe fort pour l'entrepreneur de la difficulté de compréhension et d'adhésion de ces acteurs au projet qu'il leur propose. Le troisième et dernier cas rencontré par l'entrepreneur est celui où il y a une adhésion partielle des acteurs de l'écosystème. Dans ce cas de figure, l'objectif est de trouver un terrain d'entente entre l'entrepreneur et les acteurs de l'écosystème afin de pouvoir avancer. Ce cas de figure correspond à la grande majorité des cas rencontrés. Étant donné que le premier cas relève de l'idéal et le deuxième de l'échec, les entrepreneurs sont amenés à évoluer dans la plupart du temps vers le troisième cas de figure afin de modifier leur projet pour y faire adhérer les acteurs de l'écosystème.

L'essentiel

- ▶▶ **L'entrepreneur,** bien que central, est souvent envisagé sous l'angle de ses traits de personnalité ou de ses prises de décision. Derrière l'entrepreneur, il y a une intentionnalité qu'il convient de comprendre pour pouvoir appréhender l'agir entrepreneurial.

- ▶▶ **Le projet** est un des artefacts que l'entrepreneur développe. Cet artefact est le réceptacle de l'intentionnalité de l'entrepreneur et l'élément de traduction de celle-ci vers son écosystème.

- ▶▶ **L'écosystème** est le destinataire des artefacts de l'entrepreneur. L'entrepreneur construit son propre écosystème en faisant adhérer les acteurs de cet écosystème à son projet entrepreneurial.

Chapitre 4

Changer sa paire de lunettes pour comprendre l'entrepreneuriat d'aujourd'hui

Parler de complexité n'est pas neutre pour comprendre l'entrepreneuriat. En effet, il s'agit de proposer une grille de lecture nouvelle et originale afin de permettre des actions et des décisions plus en cohérence avec ce que vit l'entrepreneur au quotidien. Dans cette perspective, il convient de préciser que considérer l'entrepreneuriat comme un phénomène complexe revient à définir une nature différente du phénomène. Principalement, il convient d'envisager le fait que l'entrepreneuriat est mu par les représentations des différentes personnes en lien avec la situation. Cela permet de comprendre pourquoi, par rapport à une même situation, ces personnes y voient des choses différentes, tel le célèbre exemple de la bouteille qui peut être vue à moitié pleine ou à moitié vide.

L'importance des représentations

Prenons comme point de départ l'interaction entre l'entrepreneur et son écosystème à travers les situations suivantes : un entrepreneur est en rendez-vous avec un client potentiel, un entrepreneur échange avec des financeurs, un entrepreneur discute des modalités de fonctionnement avec son fournisseur... Qu'ont donc en commun ces situations-là ? Le premier élément qui leur est commun est l'entrepreneur. Dans chaque situation, celui-ci est en interaction avec un des acteurs de son écosystème. Le second point commun à ces situations, qui va nous intéresser plus particulièrement, est la nature de cette interaction entre l'entrepreneur et les acteurs de son écosystème. Or, la nature de cette interaction fait que les acteurs ne voient pas forcément la même chose à travers le projet entrepreneurial comme artefact de communication entre les deux. Cela provient du fait que les acteurs de l'écosystème, y compris l'entrepreneur, ont des expériences généralement diversifiées qui pourraient générer des perceptions et des compréhensions différentes. Celles-ci ne sont pas le fruit d'un problème de communication par rapport au projet mais d'un problème de représentation, plus particulièrement d'image du monde différente entre les personnes. Il semble donc vain de vouloir rechercher une réalité objective qui s'imposerait à tout le monde. Il s'agit plutôt de considérer que chaque acteur de l'écosystème a ses propres représentations. Toutefois, au niveau de l'entrepreneuriat, il s'agit plus pour l'entrepreneur de favoriser la construction d'une représentation commune avec les acteurs de son écosystème. Cette construction d'une représentation commune correspond aux actions que l'entrepreneur a mises en œuvre pour favoriser le développement de son projet entrepreneurial. Mais il nous faut revenir sur la persistance de ce mythe dans l'entrepreneuriat selon lequel la croyance inébranlable en une réalité objective, et dont les propriétés seraient accessibles aux acteurs de l'écosystème, déterminerait la réussite ou l'échec futur d'un projet entrepreneurial. Cela se traduit par des discussions par le truchement desquelles les acteurs de l'écosystème sont capables de dire si le projet, dans le futur, va réussir ou pas.

On est clairement ici dans une transposition du passé et du présent vers le futur. Il nous faut démontrer que cette conception est insoutenable pour favoriser le développement de l'entrepreneuriat sur le territoire et que l'on peut seulement « parler d'interprétations de la réalité, d'images du monde, et non de réalité en tant que telle » (Watzlawick, 1988). En effet, étant donné que l'entrepreneur est en constante interaction avec les acteurs de son écosystème, le projet de l'entrepreneur fait constamment l'objet d'une évaluation implicite ou explicite de la part des acteurs de l'écosystème. Cette évaluation peut prendre deux formes. La première correspond à ce que l'on appelle « la recherche de la vraie vérité » évoquée précédemment : à travers les éléments du projet, les acteurs de l'écosystème vont scruter les détails du projet pour en connaître la réussite possible ou pas. La seconde correspond à la volonté d'interroger les représentations des acteurs de l'écosystème. Il convient de souligner que, trop généralement, c'est la première forme d'évaluation qui prend le dessus. Pourtant, cette façon de faire est limitée. En effet, si l'on considère que l'acteur de l'écosystème connaît la vérité, on sera en droit d'interroger sa capacité à connaître l'avenir. Plus généralement, posons-nous cette question : « Qui connaît le futur ? » La réponse est étonnante au regard des comportements et des pratiques des acteurs dans le domaine de l'entrepreneuriat : personne. Du coup, si personne ne connaît l'avenir, quel est le statut de la décision d'un acteur de l'écosystème par rapport à un projet entrepreneurial ? On est bien dans une situation d'antagonisme des représentations. Sans remettre en cause la pertinence des acteurs qui interviennent, nous souhaitons souligner que la nature de la décision de ces acteurs renvoie à leur représentation de la situation et, plus généralement, à leur image du monde. On voit ainsi émerger la seconde forme d'évaluation, où la nature de la décision relève plus d'une construction que les uns et les autres peuvent avoir de la situation que d'une nature renvoyant à la réalité. D'ailleurs, nous le voyons dans des jurys où, sur un même projet, des personnes peuvent avoir des positions différentes renvoyant parfois à des situations irréconciliables.

Deux réalités

Ce qui nous intéresse ici est de savoir ce qui se passe dans cette interaction entre l'entrepreneur, son projet entrepreneurial et son écosystème. Pour avancer dans la réponse à cette question, nous prenons comme postulat de départ le fait que la réalité n'est qu'une nature possible de la situation et qu'il en existe une autre, celle où la réalité n'existe pas, où elle serait dépendante de chaque acteur. Cette posture constructiviste (Watzlawick, 1980) renvoie au fait qu'il n'existe pas de réalité objective qui puisse s'imposer à tout le monde. Prenons comme exemple la figure 4.1.

Figure 4.1 – La réalité de premier ordre et la réalité de second ordre[1]

À travers cette image, nous sommes confrontés à deux réalités. L'histoire de la bouteille à moitié pleine et à moitié vide peut être mobilisée pour illustrer la distinction entre réalité de premier ordre et réalité de second ordre, qu'on peut retrouver au niveau de l'entrepreneuriat :

> « La différence entre un optimiste et un pessimiste devant la même bouteille est que l'optimiste dit de la bouteille qu'elle est à moitié pleine, le pessimiste à moitié vide. La réalité de premier ordre est la même pour les deux (le contenu qui peut être analysé comme étant de l'eau ; une bouteille qui contient du liquide qui peut être mesurable au niveau de la quantité ; le contenant qui peut être analysé comme étant du verre) ; leurs réalités de second ordre sont différentes, et il serait vraiment inutile d'établir qui a raison et qui à tort. » (Watzlawick, 2000, p. 31)

La réalité de premier ordre correspond essentiellement à des problèmes dits « techniques ». On parlera de « problèmes compliqués » et non de « problèmes complexes ». On retrouve par exemple dans cette nature de problèmes une panne d'ordinateur, de voiture, de réfrigérateur. On retrouvera aussi en lien avec l'entrepreneuriat un nouveau produit, tel un yaourt aux légumes. La réalité de premier ordre de ce yaourt consistera en sa composition, en le transfert de matière entre le yaourt et la purée de légumes, en la quantité des

---

1 Source : © Federico Panzano – The Noun Project.

ingrédients en vue d'en arriver à un produit réussi... Bref, des aspects qu'on peut qualifier de « techniques ». Pour aborder des problèmes issus de la réalité de premier ordre, le raisonnement analytique issu de la démarche cartésienne est le plus approprié. Ce raisonnement incite, dans un premier temps, à isoler le problème, pour identifier ensuite LA cause de la situation afin de définir LA solution à mettre en place. On parlera de « simplification ». Au final, on passe d'une situation compliquée à une situation simple. Ainsi, si le problème de la panne de voiture est l'alternateur, il suffira de le changer, il en va de même si c'est la batterie, etc. La manière de fonctionner s'apparente à la loi de Pareto, où 80 % des effets sont le produit de 20 % des causes. L'expertise acquise permet de trouver assez rapidement la solution.

Dans le cas de problèmes dit « techniques », l'expertise de la personne qui intervient va donc être primordiale. Elle permettra d'aller dans un premier temps à partir du problème rencontré vers un type de solution. Si cela ne fonctionne pas, l'expert pourra revoir son jugement pour trouver une solution qui fonctionne. Le schéma de mise en place de solutions est très algorithmique. Cette façon de fonctionner se retrouve par exemple dans les centres d'appel où les personnes au bout de la ligne téléphonique sont formées aux problèmes les plus récurrents à travers la règle selon laquelle 80 % des problèmes peuvent être résolus par 20 % des solutions. Quand le problème relève des 20 % de problèmes, cela nécessite souvent une expertise plus approfondie. Dans le cas de l'entrepreneuriat, cette expertise par rapport à la réalité de premier ordre correspond à la dimension technique du produit ou du service proposé. En principe, cet aspect ne pose pas forcément de problème dans la mesure où l'expertise est détenue par l'entrepreneur lui-même, par une personne de son équipe ou par une personne extérieure clairement identifiée. En somme, il est toujours possible de trouver la connaissance ou la compétence nécessaire pour résoudre le problème rencontré.

La réalité de second ordre, quant à elle, envisage les situations sous l'angle de la représentation humaine. Cela peut prendre deux formes, soit celle de situations relevant uniquement de l'aspect humain, comme par exemple des difficultés naissantes de relations dans une équipe entrepreneuriale, l'incompréhension entre un entrepreneur et un acteur de son écosystème, soit celle de situations mélangeant l'aspect humain et l'aspect technique, comme par exemple la perception du produit proposé par le client. Dans les deux cas, on a affaire à ce qu'il convient d'appeler « une situation complexe ». La complexité humaine amène une nature de situation différente que nous allons évoquer ci-après.

En effet, la complexité renvoie à la pensée complexe développée notamment par Morin (1990), selon laquelle la situation est envisagée sous un double angle. Tout d'abord, l'angle de l'interaction des éléments d'un système et, ensuite, l'angle de la représentation que les acteurs du système ont de celui-ci, de ses interactions et de ses évolutions. L'entrepreneuriat, comme toute situation où l'humain est présent, ne déroge pas au fait que les éléments qui constituent une situation sont en interaction et que les acteurs potentiels ont des représentations différentes de ces éléments et des interactions y afférentes. Ainsi, les situations où l'entrepreneur est en relation avec les acteurs de son écosystème doivent-elles être considérées comme complexes. À la différence du raisonnement analytique, où il s'agit avant tout de séparer pour comprendre, la pensée complexe propose de relier les éléments pour les comprendre. Il convient donc de rendre intelligibles les situations entrepreneuriales. Dans une situation complexe, il devient illusoire de vouloir identifier LA cause de la situation. Pourquoi ce produit marche-t-il bien ? On voit clairement qu'il n'est pas facile de se limiter à une cause pour expliquer un succès. En plus de cela, si on est d'accord pour dire qu'il y en a plusieurs, il sera donc impossible d'être exhaustif sur ces causes. Ainsi, vouloir connaître exhaustivement les causes de la réussite revient à nier la complexité de la situation, c'est-à-dire les interactions entre les éléments et la représentation que se font les acteurs de l'écosystème considéré et, donc, à vouloir poser un raisonnement analytique comme si la situation était caractérisée par sa nature compliquée alors qu'elle est en fait complexe. Le fait de se tromper de nature de situation par rapport à la méthode pour aborder celle-ci, en l'occurrence le fait d'aborder de façon analytique un problème complexe amène bien souvent, comme nous avons pu le montrer, à des situations paradoxales (Schmitt, 2010). Dans ce cas de figure, la solution est le problème.

> **Exemple**
>
> Prenons l'exemple de Damien qui lance une activité de réparation à domicile d'appareils dans le domaine du numérique (ordinateur, téléphonie, tablette...). Après un an de fonctionnement, il fait une enquête de satisfaction auprès de ses clients. De cette enquête, il ressort que les personnes qui y ont répondu estiment que la prestation était chère. À la lumière de cette information, Damien décide de baisser ses tarifs. Au lieu d'avoir une augmentation de son chiffre d'affaires, le voilà qui en constate la baisse. En discutant avec certains de ses clients, il comprend que le fait de baisser les prix a engendré une perte de confiance auprès des clients par rapport aux prestations qu'il proposait auparavant.

Cela est bien un exemple où l'identification de la cause unique est problématique et où la solution est le problème engendrant une situation paradoxale. Qu'a fait Damien ? Il a essayé d'isoler le problème et de limiter sa compréhension de la situation à la notion de prix sans prendre en considération l'image que les clients ont de son service, de ses concurrents. En d'autres termes, il a cherché à séparer les éléments de la situation. La question qui émerge à ce moment de la réflexion est la suivante : « Comment aborder des situations complexes en entrepreneuriat ? » Comme évoqué précédemment, il ne s'agit pas de séparer les éléments de l'écosystème mais bien de pouvoir les aborder dans leur interaction. Il s'agit donc clairement de développer une conception holistique de l'entrepreneuriat. Dans cette conception, il s'agit de construire une situation à partir de la représentation que l'entrepreneur se fait de son écosystème. À partir de cette représentation, il s'agit d'identifier les conséquences possibles et d'aller sur le terrain pour tester/confronter cette représentation auprès des autres acteurs de l'écosystème. On voit que l'action, à travers l'interaction, joue un rôle important par rapport aux acteurs de l'écosystème.

> **Exemple**
>
> Reprenons ici notre exemple du yaourt aux légumes. Il ne sert à rien, comme les porteurs de projet ont pu le faire, dans le cadre d'un tel projet, de passer son temps à développer le produit pour s'apercevoir au final qu'il intéresse peu de personnes. Face aux difficultés des entrepreneurs pour faire avancer leur projet, nous sommes plutôt intervenus pour les aider à identifier les types d'acteurs de leur écosystème. Les rencontres faites avec différents acteurs ont alors permis de mettre en évidence la difficulté que ces personnes ont eue à comprendre le concept de yaourt aux légumes. Si, dans l'ensemble, ils considèrent le produit comme bon gustativement, ils ont néanmoins du mal à projeter ce produit sur un marché. Pire, lorsque le produit a été évoqué sans dégustation, les acteurs de l'écosystème ont manifesté un rejet encore plus catégorique.

On voit bien, dans cet exemple, qu'il ne s'agit pas d'un problème lié au produit, parce que celui-ci est bon, mais bien de la représentation que les acteurs peuvent se faire du produit. Le fait d'interagir avec les acteurs de l'écosystème aura permis aux porteurs de ce projet de mieux en comprendre les difficultés et les orientations à prendre s'ils comptent persévérer. Là se pose la question de l'aide apportée aux entrepreneurs. On voit bien que l'objectif est de favoriser leur questionnement. Cet exemple est aussi intéressant pour illustrer le fait que, dans certains cas, notamment dans le domaine de l'innovation technologique, les acteurs de l'écosystème peuvent être focalisés sur le produit et sa technologie et oublier en même temps les autres aspects du projet entrepreneurial. D'où la nécessité de construire un écosystème qui ne se focalise pas uniquement sur le produit ou le service mais sur l'ensemble des éléments d'un projet entrepreneurial (financement, aspects légaux, dimension culturelle, positionnement géographique, clients, fournisseurs, concurrents…).

Au final, il est possible de résumer ce que nous venons d'aborder de la façon suivante :

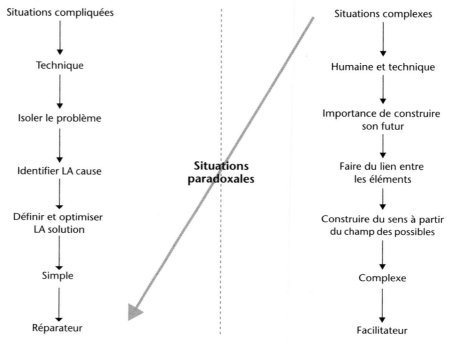

Figure 4.2 – Problème compliqué, problème complexe : des problèmes de nature différente

Deux langages

En parlant de la réalité de premier ordre et de la réalité de second ordre, nous sommes en présence de deux langages différents de l'entrepreneuriat. Le premier langage, celui de la réalité de premier ordre, est avant tout objectif, définitionnel, cérébral, logique et donc analytique. C'est le langage de la raison et de la conscience, celui de la science de l'explication, du jugement. C'est le langage utilisé habituellement par les acteurs de l'écosystème, construit autour d'outils favorisant la rationalité, comme le plan de financement, l'analyse de la concurrence, l'étude de marché ou encore le plan d'affaires. L'autre langage est celui de la pensée complexe ou, dit autrement, le langage de la totalité. On est plus dans la métaphore, le symbole, la synthèse et non dans la dissection analytique. Ces deux langages sont intéressants mais ne correspondent pas aux mêmes situations. L'entrepreneur se doit cependant de les manier tous deux. Il doit les manier en fonction des situations rencontrées. Dans les phases en amont, où il convient de construire son écosystème, il semble préférable de mobiliser le langage de la complexité pour laisser place par la suite à un langage de l'analyse. La force de l'entrepreneur consisterait à pouvoir mobiliser ces deux langages, en permettant à celui-ci de faire des allers-retours entre les deux en fonction de ses besoins. Le fait qu'il existe deux langages suggère donc qu'ils servent à exprimer différentes choses. Le langage de la réalité de premier ordre renvoie au reflet de la réalité alors que le langage de second ordre considère que la réalité est créée par l'entrepreneur et les acteurs de l'écosystème. Dans le langage analytique de l'entrepreneuriat, se limiter à la réalité de premier ordre serait restrictif si l'on compte appréhender l'entrepreneuriat dans une vision globale. Dans cette perspective, nous pourrions utiliser l'image suivante pour comprendre l'aspect restrictif de la réalité de premier ordre : « Elle ne permet pas de voir la forêt derrière les arbres ». Pourtant, lorsqu'on lance un projet entrepreneurial, c'est bien de cette vision globale (Filion, 1991) dont l'entrepreneur a besoin. Si l'entrepreneur ne passe pas par cette vision globale, bien souvent, le projet entrepreneurial souffre d'un manque de sens et de cohérence d'ensemble.

L'entrepreneur a besoin de ces deux langages et de leur complémentarité. Il apparaît donc qu'ils sont tous deux importants et complémentaires mais qu'ils ne doivent pas être mobilisés au même moment. Nous avons donc besoin, comme nous pourrons le voir dans la suite de l'ouvrage, de considérer plus finement l'entrepreneuriat, pour comprendre dans quelle situation les deux langages sont plus appropriés. Or, les démarches classiques se limitent trop souvent à une démarche analytique, qui enferme l'entrepreneur et son projet dans des actions désincarnées, privées de sens et de cohérence et avec peu d'interactions avec les acteurs de l'écosystème, ne permettant pas à l'entrepreneur de restituer sa vision globale. Dans le langage de la complexité, le projet est avant tout appréhendé dans son ensemble, en vue de créer du sens de façon générale et de pouvoir restituer aux acteurs de l'écosystème une vision globale. Il apparaît donc que, traditionnellement, la façon de faire en matière d'entrepreneuriat est essentiellement centrée sur une logique analytique favorisant les différents éléments qui composent cette démarche. Or, comme nous venons de l'évoquer, il est nécessaire dans un premier temps de favoriser une approche de la complexité afin de donner une vision globale permettant d'identifier les différents aspects à travailler. Nous sommes dans une inversion par rapport à la logique habituelle dans la mesure où cette vision totalisante est le point de départ pour aller vers l'analytique et non l'inverse. En empruntant la phrase de Gauss, nous pouvons dire : « Je connais déjà la solution, il me reste maintenant à découvrir comment j'y suis parvenu. » Cette phrase fait largement écho à l'idée que l'on retrouve chez Watzlawick selon qui ce n'est pas le passé qui fait le présent, mais le futur. Autrement dit, on sait à quel problème on répond lorsqu'on connaît la solution. Car celle-ci agit comme une orientation pour les actions à mener, dans la perspective desquelles l'entrepreneur s'inscrit alors. On retrouve aussi cette idée d'états futurs anticipés dans les travaux de Dewey (1929), à travers la notion de *ends-in-view*, ceux-ci étant considérés comme le moteur de l'action au présent.

Il convient de préciser que les fins liées à un projet entrepreneurial ne sont pas clairement définies et que les actions ne sont pas à envisager dans une perspective de planification. Le plus souvent, les fins sont relativement indéterminées à la lumière des moyens. Mieux encore, ces moyens permettent d'élargir le champ des fins possibles tout en structurant les actions présentes. On retrouve cette idée dans les travaux de Sarasvathy (2001 et 2003) sur l'effectuation. Ces éléments révèlent au moins une chose : ils illustrent d'abord la faculté que l'on retrouve dans les activités à projet en général et dans l'entrepreneuriat en particulier, à savoir celle qu'ont les entrepreneurs de se projeter dans un avenir et d'anticiper une solution possible. Ainsi la finalité de l'entrepreneur est-elle de montrer la justesse de sa vision construite *a priori*. Il est donc important de travailler la faculté de projection de l'entrepreneur.

Il y a longtemps que nous savons cela, au moins du point de vue empirique. Ces dernières années, les recherches menées sur le cerveau « nous ont fourni [...] la preuve de cette dualité de l'esprit » (Watzlawick, 1980). Aujourd'hui, il est temps de pouvoir l'intégrer dans la réflexion en entrepreneuriat. En effet, ce que nous venons de développer au niveau des deux langages de l'action entrepreneuriale coexiste dans notre cerveau. De façon habituelle, il est convenu de considérer l'hémisphère gauche comme l'hémisphère le plus dominant des deux. Il est le cerveau de la logique. Plus précisément, il a pour fonction non seulement de transformer les perceptions en représentations logiques de la réalité mais aussi de permettre la communication avec l'extérieur sur ce mode logico-analytique. Comme indiqué dans le tableau 4.1, l'hémisphère gauche permet à l'entrepreneur d'aborder de façon logique son projet entrepreneurial, en se focalisant plus sur des aspects du projet et moins sur le sens et la globalité de celui-ci. Ainsi, les démarches portant sur la concurrence, les clients potentiels, le financement, bien qu'intéressantes, peuvent-elles souffrir d'un manque de liens entre elles si, auparavant, un travail sur le sens et la globalité ne se fait pas, pour éviter de rendre plus vulnérable la robustesse du projet en tant que tel.

À l'ère du numérique, il est facile pour tout porteur de projet de faire un plan d'affaires. Le risque est que celui-ci ressemble à une compilation de données sans qu'il ne véhicule de sens en particulier. Un projet entrepreneurial, comme nous avons pu le montrer (Schmitt, 2010 et 2015), c'est aussi, pour ne pas dire avant tout, une vision globale de l'entrepreneur par rapport à son environnement. Nous nous sommes trop longtemps reposés sur l'hémisphère gauche de notre cerveau pour aborder l'entrepreneuriat, amenant à saucissonner le projet (Saporta et Verstraete, 2000). Cette approche analytique de l'entrepreneuriat engendre par la même occasion la sophistication d'outils permettant ce saucissonnage et la mobilisation des capacités de l'hémisphère gauche de notre cerveau. De plus, à la lumière de ces éléments, il est possible de comprendre comment, par exemple, les programmes d'accompagnement ou de formation ont été construits. Les programmes qui mettent en avant les différentes parties d'un projet entrepreneurial s'inscrivent dans cette logique (management des ressources humaines, aspects juridiques, conception de produits, fiscalité de l'entreprise…). Il en va de même au niveau de l'accompagnement où il suffirait, pour s'en apercevoir, de regarder par exemple les cycles de conférences proposés (comment cibler son client, construire et faire vivre son réseau, être présent sur Internet, les bonnes questions pour financer son projet, les aspects juridiques…). Par expérience, nous pourrions affirmer que rares sont les démarches où la construction de sens est mise en avant comme préalable à tout projet entrepreneurial. Ces démarches fonctionnent comme si le sens était donné obligatoirement par le porteur de projet et ne pouvait être discuté en tant que tel. Reprenons à notre profit l'exemple du yaourt aux légumes. Le sens est donné par le produit ou le service envisagé par l'entrepreneur et non par le sens que l'entrepreneur veut en donner. Or, comme évoqué précédemment autour de la notion d'intentionnalité, le projet entrepreneurial est le reflet de sa vision du monde à laquelle il souhaite participer.

Concernant l'hémisphère droit, il renvoie à une fonction très différente. Il se caractérise par ce qu'il convient d'appeler « la perception holistique » des actions, des modèles, des relations et des structures. Dit autrement, l'hémisphère droit permet de penser la complexité de l'entrepreneuriat. Partant de n'importe quel aspect du projet entrepreneurial, il permet de développer une vision globale, une image quasi complète, pas nécessairement exhaustive, mais non limitée uniquement au produit ou au service, remplie de sens. Cette façon de faire est très courante chez les entrepreneurs, mais aussi dans d'autres domaines où l'activité de projection est présente, comme par exemple les artistes. Citons notamment les œuvres d'Arcimboldo basées sur des fruits et des légumes pour représenter des visages, de Dali qui, à partir d'objets, met en forme un visage de femme, ou encore de Seurat qui participe du courant artistique basé sur le pointillisme, où l'ensemble des points forme un tableau.

L'hémisphère droit peine beaucoup à reconnaître les détails. Il ne permet pas de voir les arbres au profit de la forêt. Ces éléments renvoient au gestaltisme (ou à la psychologie de la forme). Selon les auteurs en lien avec ce courant de pensée, le processus de la perception et de la représentation mentale envisage les phénomènes sous un angle holistique, à travers des ensembles structurés et non comme la sommation des éléments composant le phénomène. On voit ici apparaître des liens possibles avec le courant de pensée systémique qui a donné naissance notamment aux réflexions portant sur la pensée complexe. L'hémisphère droit favorise la restitution de la totalité d'un phénomène envisagé à partir d'un de ses éléments, le plus minime soit-il. Appliqué à l'entrepreneuriat, cela signifie qu'il est possible, à partir d'une idée de produit ou de service, de construire du sens par rapport à sa globalité. On retrouve ce principe à travers l'expression latine « *pars pro toto* » (« une partie pour le tout ») qui correspond à la compréhension immédiate du tout à partir d'un élément. C'est le cas par exemple lorsqu'on parle de la voile d'un bateau pour désigner des bateaux ou du caricaturiste qui, en quelques coups de crayon, arrive à restituer la globalité d'un visage. À partir de l'un des éléments de son projet entrepreneurial, souvent le produit ou le service proposé, l'entrepreneur et les acteurs de son écosystème doivent réussir à envisager la globalité du projet autour d'un sens partagé.

Au-delà de la vision globale, le sens en lien avec cette vision globale est très important. Il permet notamment de voir la cohérence des éléments entre eux et des actions envisagées. Ce sens n'est pas donné, il se construit au fur et à mesure des confrontations avec l'écosystème de l'entrepreneur jusqu'à ce qu'il soit robuste, amenant à basculer de la logique de la complexité à la logique analytique, de l'hémisphère droit à l'hémisphère gauche. La logique sous-jacente à l'hémisphère droit doit permettre de relier l'ensemble des éléments du projet entrepreneurial. Cet hémisphère n'est pas capable de faire d'autres opérations que l'addition. En revanche, il favorise la capacité de percevoir les quantités de façon précise et immédiate.

> **Exemple**
>
> De ce point de vue, l'exemple des Mundurucus est très parlant. Les Mundurucus sont des Indiens d'Amazonie brésilienne. Ils ont un lexique extrêmement restreint pour désigner les nombres. En effet, ils peuvent nommer le un, le deux, le trois, le quatre et le cinq. C'est tout. Ils ne disposent donc d'aucun terme pour désigner les chiffres allant au-delà de cinq. Des chercheurs se sont posé la question de savoir si l'on pouvait calculer lorsqu'on n'a pas les mots pour. Pour répondre à cette question et comprendre les relations qui existent entre la connaissance mathématique et la faculté de langage, ils ont choisi de faire faire un certain nombre de tests à 55 Mundurucus, dont le but était d'évaluer leurs capacités de calcul exact et approximatif, ces mêmes tests étant réalisés auprès de 10 Français, pour servir d'analogie. Les résultats obtenus sont surprenants : ils montrent en effet que les Indiens ne réussissent pas à exécuter des opérations arithmétiques exactes avec des quantités supérieures à 5. Ils ne savent pas, par exemple, calculer la soustraction 6 – 4. En revanche, ils possèdent tous une capacité d'approximation tout à fait comparable à la nôtre, qui leur sert de base à un calcul bien réel. Au niveau de l'entrepreneuriat, il en va de même. Il s'agit plutôt d'avoir une idée approximative des choses permettant d'engager la confrontation du projet entrepreneurial auprès des acteurs de l'écosystème.

Tableau 4.1 – Capacités fonctionnelles présentant une latéralisation cérébrale selon Pinel (2007)

Fonction générale	Dominance hémisphérique gauche	Dominance hémisphérique droite
Vision	Mots, lettres	Visages, motifs géométriques, expression émotionnelle
Audition	Sons langagiers	Sons non langagiers, musique
Toucher		Motifs tactiles, braille
Mouvement	Mouvements complexes, mouvements ipsilatéraux	Mouvements dans les environnements spatiaux
Mémoire	Mémoire verbale, mémoire sémantique	Mémoire non verbale, aspects perceptifs de la mémoire
Langage	Parole, lecture, écriture, arithmétique	Contenu émotionnel
Capacité spatiale		Rotation mentale des formes, géométrie, direction, distance

À la lumière de ces deux langages de l'entrepreneuriat, il convient de préciser deux aspects essentiels pour la suite de notre réflexion. Le premier aspect renvoie à la nécessité de considérer que les deux langages sont complémentaires. Ils ne s'utilisent certes pas dans les mêmes situations, mais il n'en demeure pas moins que l'entrepreneur est en lien avec ces deux langages. Sans ces deux facultés liées à ses deux hémisphères cérébraux, sa perception du monde ne serait qu'un chaos d'éléments isolés. Ainsi entreprendre revient-il à connaître et à comprendre la quintessence des actions entrepreneuriales mises en place par l'entrepreneur. Le second aspect consiste à considérer que, dans l'entrepreneuriat, nous avons largement privilégié la mobilisation d'un langage s'appuyant surtout sur l'hémisphère gauche du cerveau, dans une perspective logico-analytique. Notre ambition à travers cet ouvrage est de connaître et de comprendre comment aborder le langage en lien avec l'hémisphère droit, en complément de ce qui existe dans le domaine de l'entrepreneuriat en lien avec l'hémisphère gauche, de l'action entrepreneuriale qui se manifeste essentiellement au début de tout projet entrepreneurial, pour donner du sens à l'ensemble des éléments du projet entrepreneurial en vue de se confronter avec les acteurs de l'écosystème.

Deux états : de l'état gazeux à l'état de cristallisation

Si l'on accepte cette idée de réalité de premier ordre où la réalité est objective et de réalité de second ordre où la réalité est subjective, il sera alors possible de considérer que chaque réalité trouve son emploi en fonction du moment où l'on se trouve dans le processus entrepreneurial. Ainsi, comme nous allons le voir, la réalité de second ordre renvoie-t-elle à ce que l'on peut qualifier « d'état gazeux » et la réalité de premier ordre à ce que l'on peut qualifier « d'état de cristallisation ».

Longtemps, l'entrepreneuriat a été considéré sous l'angle de la création d'entreprise. L'angle de l'émergence, bien que présent dans la littérature à partir des travaux de Gartner (1985), est peu mobilisé en tant que tel au niveau des pratiques entrepreneuriales. La principale conséquence de cette posture est de considérer de façon homogène les différentes phases du début de la démarche jusqu'à la création d'entreprise. La sophistication apportée dans le domaine de l'entrepreneuriat ces dernières années ne porte pas sur les différentes phases de celui-ci, mais plus sur le type d'entrepreneurs ou, plus récemment, sur le mode de raisonnement des entrepreneurs. Or, notre travail sur le terrain nous a permis de mettre en évidence la présence de deux temps pour aborder l'entrepreneuriat (Schmitt, 2006, Schmitt, 2009, Filion, Ananou et Schmitt, 2012, Schmitt, 2015).

En reprenant à notre compte la segmentation proposée par Garel et Moch (2012) pour l'innovation, nous souhaitons appréhender, lorsque nous parlons d'entrepreneuriat, deux états en particulier, en l'occurrence l'état gazeux et l'état de cristallisation. Commençons par l'état de cristallisation. Cet état correspond à la solidification du projet. C'est l'état implicite dans lequel les politiques, l'enseignement et l'accompagnement en entrepreneuriat se sont développés. Plus précisément, c'est le seul état envisagé au niveau de l'entrepreneuriat. Dans cette optique, le projet est considéré comme robuste et s'inscrit dans une logique de résolution de problèmes à partir d'un problème donné. Dans cet état, on ne remet pas en cause le projet. Il est important alors que, globalement, la réalité puisse être identique pour tous les acteurs qui s'engagent dans le projet entrepreneurial. La démarche de planification de projet est la plus souvent mobilisée. L'objectif est d'identifier ce qu'il faut mettre en place pour réussir le projet, partant du principe que le sens et les contours de celui-ci sont connus à travers la volonté de l'entrepreneur. Le projet est considéré comme donné et l'objectif est essentiellement pour l'entrepreneur d'accéder à la création d'entreprise. Il en va de même pour les aides à destination de l'entrepreneur.

Changer sa paire de lunettes pour comprendre...

> **Exemple**
>
> Prenons l'exemple d'Étienne qui a pour idée de faire des T-shirts amusants, présentant en quatre cases des suggestions pour croquer des situations de la vie des jeunes de son âge. Il se débrouille seul avec sa sœur pour concevoir, faire produire et commercialiser les premiers lots de T-shirts. Un buzz commence à se faire autour d'eux, amenant une structure d'accompagnement à s'intéresser à eux. Cette structure d'accompagnement leur propose de les aider à créer une entreprise dans le domaine des T-shirts à partir de leurs premières ventes.
> Notre recherche nous amène à les rencontrer et à travailler avec eux autour de l'idée d'état gazeux et d'état de cristallisation. Eux estiment qu'ils étaient dans un état gazeux dans la mesure où le T-shirt n'est qu'un objet parmi d'autres qu'ils souhaitaient réaliser. Les autres objets qu'ils ont évoqués étaient du mobilier, comme des chaises, des tables ou encore des lampadaires. En d'autres termes, ils sont plus dans la définition de leur projet entrepreneurial, autrement dit, dans un état gazeux, que dans la création de l'entreprise et donc dans un état de cristallisation, même s'ils ont déjà vendu des centaines de T-shirts. En termes d'outils, le plan d'affaires est celui traditionnellement mobilisé dans une volonté de rationalisation. Très rapidement, Étienne et sa sœur ont été orientés pour rédiger un plan d'affaires. Au final, nous sommes toujours dans le même espace de réflexion : l'état de cristallisation.

Mobilisés essentiellement dans l'état de cristallisation, ces outils agissent surtout comme une norme sociale : construire un plan d'affaires à partir d'une opportunité d'affaires. Celle-ci est considérée avant tout comme une donnée. Or, comme nous l'avons vu avec Étienne et sa sœur, le besoin se situe essentiellement au niveau du passage de l'idée à l'opportunité d'affaires. Il est donc important de considérer que la plupart des entrepreneurs que nous rencontrons ne sont pas dans cet état de cristallisation.

À la lumière de ces éléments, deux dangers guettent l'entrepreneuriat. Le premier correspond au fait que, bien souvent, les entrepreneurs sont dans un état gazeux et souhaitent pouvoir gérer leur projet comme s'ils étaient dans un état de cristallisation. Ce souhait se comprend aisément car la cristallisation correspond à une certaine sécurité, du fait que le chemin est plus ou moins balisé et que l'accompagnement se fait par rapport à une norme sous-tendue par l'idée de créer une entreprise. Cette sécurité se construit autour d'une certaine rationalisation de l'entrepreneuriat. Souvent, les premières rencontres avec l'entrepreneur sont empreintes de questions du type : « Que dois-je faire pour réussir ? », « Quelle est la démarche que je dois mettre en place par rapport à mon idée ? », « Comment faire pour réussir ? » Derrière ces questions se trouve un besoin de l'entrepreneur d'être rassuré par des « méthodes ». Il est donc important d'utiliser des méthodes à destination de l'entrepreneur en fonction de l'état dans lequel il se trouve. Le second danger provient du fait que l'accompagnement se fait comme si l'état gazeux n'existait pas et que la seule façon d'accompagner un entrepreneur était celle mobilisée actuellement au sein de l'état de cristallisation, à travers une logique rationnelle et normée. Dans ce cas de figure, les entrepreneurs considèrent que la solution est avant tout extérieure, provenant de la personne qui l'apporte ou la propose. Ils sont dans ce sens dans une logique de résolution de problèmes. En d'autres termes, l'entrepreneur amène l'opportunité d'affaires et l'accompagnateur la façon de créer une entreprise à partir de cette opportunité. Dans les deux cas de figure, le fait de se tromper d'état par rapport à la situation du moment engendre des situations dites paradoxales, comme évoqué précédemment, dans la mesure où les solutions (modèle d'affaires, étude de marché, plan de financement, plan d'affaires…) proposées seront à l'origine des difficultés rencontrées (manque de motivation de l'entrepreneur, difficultés de trouver des financements par rapport au projet, modèle d'affaires pas adapté…). Au final, on voit la nécessité de changer notre regard et notre façon de faire par rapport aux situations rencontrées par les entrepreneurs dans les phases en amont.

Comme nous avons pu le constater dans l'exemple d'Étienne, bien souvent, l'entrepreneur se situe dans un état gazeux où les choses ne sont pas complètement définies, où il faut donner du sens aux réflexions et aux actions de l'entrepreneur. Il convient donc de répondre à la question : « À quoi correspond cet état gazeux ? » Il correspond en fait à la construction de sens nécessaire pour passer à l'état de cristallisation à partir de l'intentionnalité de l'entrepreneur, ainsi qu'au partage de ce sens, à travers des artefacts à destination des acteurs de son écosystème. Tant que cette construction et ce partage de sens ne sont pas terminés, il est difficile de passer à l'état de cristallisation. L'état gazeux est ce que Glasersfeld (1984, p. 27) appelle « la mise en ordre et l'organisation d'un monde constitué par nos expériences ». En s'inscrivant dans le paradigme de l'agir entrepreneurial, l'entrepreneuriat apparaît alors dans un premier temps comme une expérience de construction de sens permettant de passer d'une idée à une opportunité d'affaires. Cette dimension est essentielle, car elle permet de comprendre pourquoi, avec une même information, certaines personnes sont capables de construire une opportunité d'affaires et d'autres non. Cette expérience doit permettre à l'entrepreneur de s'engager par la suite dans l'état de cristallisation de l'entrepreneuriat à partir de la construction de sens, d'artefacts et de son écosystème dans l'état gazeux même, en vue de créer une entreprise.

À travers cette idée d'état gazeux, on retrouve l'importance du désordre qui donne naissance à l'ordre et à l'organisation, pour reprendre les termes de Morin (1990). L'organisation du désordre est « l'art d'utiliser les informations qui surviennent dans l'action, de les intégrer, de formuler soudain des schémas d'action et d'être apte à rassembler le maximum de certitudes pour affronter l'incertain » (Morin, 1990).

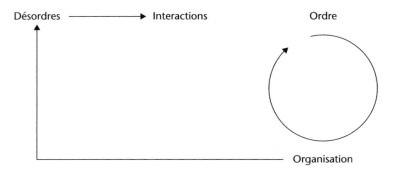

Figure 4.3 – L'état gazeux : la relation entre désordre, ordre et organisation (empruntée à Morin, 1990)

L'entrepreneuriat apparaît alors comme un processus néguentropique[1] dont l'objectif est d'organiser le désordre présent dans l'état gazeux en y donnant du sens et de la cohérence au niveau de l'entrepreneur et en favorisant la cohésion avec son écosystème. Dans cette perspective, l'entrepreneuriat peut être envisagé comme une structure dissipative[2], dans la mesure où il est constitué d'ordres émanant de l'état gazeux. Dans ces conditions, à travers l'état gazeux, l'entrepreneuriat s'inscrit dans une approche axiologique[3], laquelle engage les valeurs des personnes concernées.

Le passage de l'état gazeux à l'état de cristallisation au niveau de l'entrepreneuriat renvoie à ce que Midler (1996) a montré au niveau des projets de façon générale. Dans l'état gazeux, la capacité d'action sur le projet est grande alors que le niveau de connaissance du projet est faible, comme le montre la figure 4.4. L'intersection entre ces deux courbes, celle relative à la capacité d'action sur le projet et celle relative au niveau de connaissance du projet, correspond au passage de l'état gazeux à l'état de cristallisation. À l'état de cristallisation, la capacité d'action sur le projet s'affaiblit au fil du temps. Il n'est pas remis en cause notamment par les éléments de l'écosystème. De la même manière, la connaissance du projet augmente, amenant l'entrepreneur à développer un niveau d'expertise important par rapport à son projet. Cette expertise lui permet de pouvoir défendre son projet, de l'installer dans cette robustesse que nous venons d'évoquer et de s'orienter vers la création d'entreprise.

---

1 La néguentropie ou « entropie négative » est le processus par lequel tout système s'organise, par opposition à l'entropie qui correspond à sa désorganisation.
2 Terme introduit par I. Prigogine pour indiquer qu'un système conserve son organisation au cours du temps et cela malgré sa tendance naturelle au désordre : un cours d'eau garde son organisation ; pourtant, l'eau n'est jamais la même.
3 Qui est relative aux valeurs, mot opposé à « ontologique ».

Changer sa paire de lunettes pour comprendre...

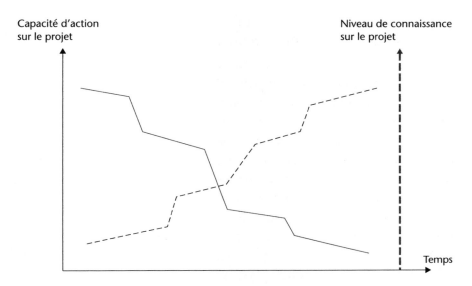

Figure 4.4 – La dynamique de la situation projet (Midler, 1996)

À partir du fait que l'entrepreneuriat est constitué donc de ces deux états, nous avançons ici l'idée qu'il n'y a pas d'entrepreneuriat, encore moins de création d'entreprise, sans état gazeux. L'état gazeux est la condition initiale de l'entrepreneuriat. Il est la partie immergée de l'iceberg. Si l'on est convaincu que l'enjeu se situe au niveau de l'état gazeux, on verra alors la nécessité de pouvoir développer des outils pour aider l'entrepreneur à s'en saisir. De plus, il apparaît que la robustesse du projet se joue dans l'état gazeux ; il est donc nécessaire de mettre des moyens humains et financiers pour accompagner l'entrepreneur de façon adéquate par rapport à la situation dans laquelle il se trouve. Enfin, précisons que si un projet s'arrête à l'état gazeux, il aura un impact plus faible en termes d'échec et un impact plus grand en termes d'expérience pour l'entrepreneur. Pour la société, il se pourrait aussi que l'impact soit moindre car, étant peu engagés, les moyens humains et financiers correspondent à cet état de l'entrepreneuriat moins onéreux que dans l'état de cristallisation, où l'échec a un impact plus important. Ainsi le curseur se déplace-t-il pour passer de l'objectif

« permettre la création d'entreprise » à l'objectif « permettre à des personnes de s'essayer à l'entrepreneuriat ».

Trop longtemps, l'entrepreneuriat n'a été envisagé que sous un seul angle : l'état de cristallisation. À travers le paradigme de l'agir entrepreneurial, il est possible d'envisager un autre angle : l'état gazeux. En somme, ces deux états doivent être envisagés de façon complémentaire. L'enjeu dans la suite de l'ouvrage est d'expliquer et de comprendre cet état gazeux permettant de passer de l'idée à l'opportunité d'affaires à travers un projet entrepreneurial et donc à l'état de cristallisation. Au final, entreprendre ne devrait pas se focaliser sur l'état gazeux par rapport à un surdéveloppement de l'état de cristallisation tel que le préconisent la grande majorité des écrits, cela ne serait que prendre le contre-pied des approches classiques. L'objectif est bien d'organiser notre réflexion autour d'approches et de méthodes favorisant non seulement l'émergence de l'état gazeux mais aussi la transition vers l'état de cristallisation.

L'essentiel

▶▶ **L'entrepreneuriat** n'est pas qu'un fait objectif. Il est aussi lié à la représentation de l'entrepreneur et des acteurs de l'écosystème, notamment par rapport aux artefacts liés au processus entrepreneurial.

▶▶ **La réalité de premier ordre** convient très bien aux faits objectifs. Par contre, lorsqu'on a affaire à des représentations, comme c'est le cas au niveau de l'entrepreneuriat, il convient de s'intéresser à une réalité de second ordre.

▶▶ **Il convient de mobiliser un langage approprié** pour aborder les représentations liées à l'entrepreneuriat, en l'occurrence le langage de la complexité.

▶▶ **Conséquemment**, il est nécessaire de considérer un état gazeux pour comprendre l'entrepreneuriat et non plus se limiter à une réalité objective correspondant à l'état de cristallisation.

Chapitre 5

Entreprendre, c'est s'intéresser au rapport au monde de l'entrepreneur

Dans cette partie, nous présentons une perspective originale pour parler d'entrepreneuriat : une perspective phénoménologique. L'objectif en est de comprendre le rapport au monde de l'entrepreneur. Cela nous amènera à nous intéresser non seulement à l'intentionnalité comme élément structurant du rapport au monde de l'entrepreneur, mais aussi à la construction d'artefacts comme éléments de traduction de cette intentionnalité auprès des acteurs de l'écosystème.

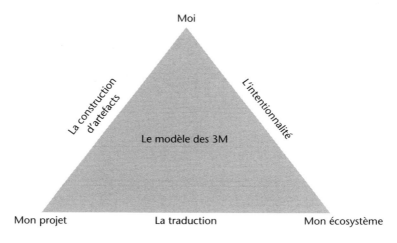

Figure 5.1 – Le rapport au monde de l'entrepreneur dans le modèle des 3M

L'intentionnalité : la posture au monde de l'entrepreneur

Dans un précédent ouvrage (Schmitt, 2015), nous avions écrit :

> « Si l'entrepreneur est couramment défini comme acteur,
> il est indispensable de lui rendre son intégrité de sujet. »

Cet objectif est d'autant plus d'actualité que l'entrepreneur et ses actions sont au centre du paradigme de l'agir entrepreneurial. Ainsi rendre à l'entrepreneur son intégrité de sujet revient-il essentiellement à le définir à travers sa conscience de l'existence de ce contexte et de sa relation aux autres, au travers de son expérience du réel. C'est ce que l'on retrouve en fait dans l'état gazeux. Les travaux portant sur la vision entrepreneuriale ont ouvert une voie intéressante pour aller dans ce sens. Il reste encore à l'explorer, ce que nous proposons justement de faire.

Si la vision entrepreneuriale telle que l'a définie Filion (1991), c'est-à-dire « une image projetée dans le futur, de la place qu'on veut voir occupée éventuellement par ses produits sur le marché, ainsi que l'image du type d'organisation dont on a besoin pour y parvenir », permet de structurer un système d'activités entrepreneurial (Filion, 2008), il n'en demeure pas moins qu'elle est une dimension limitée et consciente de l'image que l'entrepreneur se fait du monde. La vision entrepreneuriale apparaît comme un des produits de cette image du monde[1], et le fait de la présenter à d'autres personnes dans des situations formelles ou non permet de se confronter dans l'action même à cette vision entrepreneuriale.

Dans la suite de notre réflexion, nous souhaitons nous attarder plus longuement sur cette idée de conscience de l'existence de ce contexte par l'entrepreneur de l'état gazeux et de sa relation aux autres. Pour l'instant, considérons que l'entrepreneuriat renvoie à la relation au monde que l'entrepreneur a par son expérience, notamment à un moment donné, à travers différents artefacts tels que le projet entrepreneurial par exemple. Dans cette perspective, la démarche entrepreneuriale a pour objectif de confronter cette relation au monde à travers ces différents artefacts. Ceux-ci correspondent à la face visible de l'iceberg, alors même que l'image du monde que se fait l'entrepreneur en est la face invisible. Cette image du monde est à mettre en relation avec l'intentionnalité de l'entrepreneur. Là encore, nous voyons émerger des pistes intéressantes en matière d'accompagnement dans l'état gazeux. Les artefacts produits

---

1 Il existe d'autres productions issues de l'image que l'entrepreneur se fait de son monde, comme un scénario, des hypothèses, un projet entrepreneurial, un prototype, un produit, un service, une plaquette commerciale... Nous désignons ces productions par « artefacts » (cf. chapitre 6).

par l'entrepreneur et leur mobilisation dans l'action, souvent sous forme de communication écrite ou orale, deviennent un passage pour aborder la dimension inconsciente, son intentionnalité, l'image du monde qu'il développe afin de mieux comprendre la finalité de son engagement entrepreneurial, de mieux expliciter la vision entrepreneuriale, notamment, et surtout de permettre à l'entrepreneur de mieux se comprendre dans le projet entrepreneurial. Il ne s'agit plus d'aider un entrepreneur à partir d'une idée préconçue mais bien de l'aider à concevoir des artefacts, c'est-à-dire lui permettre de donner du sens à sa relation au monde et de transformer cette relation en des actes. Ainsi évoqué, l'entrepreneuriat évolue pour se positionner au cœur de la volonté de l'entrepreneur de faire advenir sa vision entrepreneuriale afin de passer de l'état gazeux à l'état de cristallisation.

Considérer l'entrepreneuriat à l'état gazeux comme la confrontation de l'image du monde de l'entrepreneur faite d'artefacts avec les acteurs de l'écosystème correspond à une vision nouvelle et originale de l'entrepreneuriat. Ainsi envisager l'entrepreneuriat sous cet angle renvoie-t-il à la nécessité d'approcher inlassablement l'image du monde que se fait l'entrepreneur à travers son expérience, c'est-à-dire le monde tel qu'il apparaît à travers son intentionnalité, et celle du monde tel qu'il pourrait être d'après l'image qu'il s'en fait. Face à cela, l'entrepreneur n'a qu'une seule alternative : soit faire concorder son image du monde avec la réalité qu'il perçoit (aspect réactif), soit agir sur le cours des événements et faire que le monde se rapproche de l'image qu'il en a (aspect proactif, c'est l'enjeu même de l'acte d'entreprendre si l'on revient au sens étymologique du verbe). Dans le premier cas, cela correspond avant tout à une adaptation de la personne à son environnement. Il nous semble que cette posture au monde ne correspond pas à la posture de l'entrepreneur la plus répandue. On retrouve ici l'œuvre de l'hémisphère gauche, celui qui permet de rester dans le système s'inscrivant essentiellement dans une réalité de premier ordre. Dans le second cas, cela correspond à la volonté de la personne de faire évoluer son environnement à la lumière de son expérience du réel. Ce second cas renvoie aux caractéristiques du cerveau droit permettant de transformer la représentation du monde, renvoyant à une réalité de second ordre. Nous considérons que cette posture permet de distinguer un entrepreneur d'un non-entrepreneur et que le travail de réflexion qui doit être envisagé pour comprendre l'entrepreneuriat doit l'être dans ce sens. L'aphorisme d'Épictète illustre bien ce second cas : « Ce ne sont pas les choses elles-mêmes qui nous troublent, mais l'opinion que nous nous en faisons », renvoyant à l'idée de réalité de premier ordre et de réalité de second ordre présentée précédemment. Si nous sommes d'accord sur le fait que l'image du monde n'est pas le monde, il convient de considérer que l'image que l'entrepreneur a de son projet entrepreneurial dans l'état gazeux n'est pas le projet entrepreneurial en tant que tel. À travers cette alternative, on retrouve ici les schèmes de l'apprentissage évoqué par Piaget caractérisant la recherche d'équilibre entre le sujet et son environnement à travers l'accommodation (le sujet est transformé par son environnement) et l'assimilation (le sujet transforme son environnement). On retrouve aussi cette idée de transformation de son environnement par l'entrepreneur dans les travaux de Filion (1999) qui définit l'entrepreneuriat de la façon suivante :

> *« Une des grandes différences entre l'entrepreneur et les autres acteurs qui œuvrent dans les organisations, c'est que l'entrepreneur définit l'objet qui va déterminer son propre devenir. »*

Ainsi l'image du monde à travers l'expérience du réel de l'entrepreneur peut-elle être envisagée comme l'essence même de l'entrepreneuriat. Les démarches pour aborder l'entrepreneuriat, qu'elles soient liées à la recherche, à l'enseignement, à l'accompagnement ou encore aux politiques publiques, ont toujours cherché à aborder l'entrepreneuriat de manière objective. Or, si l'entrepreneuriat est par essence l'image que l'entrepreneur se fait de son monde à travers son intentionnalité, c'est-à-dire son expérience du réel, et son projet entrepreneurial la traduction de cette image, alors on comprend bien que la façon classique d'aborder l'entrepreneuriat ne peut être appliquée à l'image du monde que se fait l'entrepreneur, puisqu'il faut impérativement inclure dans celle-ci l'entrepreneur lui-même. Cette image du monde portée par l'entrepreneur est le produit de la communication entre celui-ci et son écosystème dans l'état gazeux, lequel s'exprime généralement à travers un artefact comme le projet entrepreneurial.

Des artefacts pour donner à voir l'image du monde que se fait l'entrepreneur

Nous voici maintenant arrivés au point où il s'agit de traduire la réalité perçue par l'entrepreneur et de synthétiser son expérience du monde. Les artefacts produits par l'entrepreneur jouent ce rôle. Ils sont l'interface entre l'entrepreneur et les acteurs de son écosystème, entre l'environnement interne et l'environnement externe. En reprenant les propos de Simon (1996) à notre compte, nous pouvons écrire qu'ils nous révèlent « comment atteindre des buts en adaptant les premiers aux seconds ». Du coup, une nouvelle piste pour conforter l'entrepreneuriat émerge : favoriser les mécanismes par lesquels se réalise cette adaptation des moyens aux environnements. C'est ce que proposent les travaux de Sarasvathy (2001 et 2003) sur l'effectuation. Il s'agit de s'interroger sur le processus de la conception en décrivant l'artefact par son organisation et son fonctionnement, son interface entre les environnements interne et externe. Nous avons déjà eu l'occasion de présenter le processus de la conception (Schmitt, 2012 et 2015 ; Schmitt et Rosker, 2015) et nous aurons l'occasion d'y revenir plus loin dans la réflexion[1]. Ces artefacts servent à trouver une validation auprès des acteurs de l'écosystème. Cette validation se fait par une adhésion à l'image du monde, proposée par l'entrepreneur à travers des artefacts. Cette validation correspond à la fin de l'état gazeux et au début de l'état de cristallisation. Avant cette validation, l'entrepreneur rencontre des

---

1 Voir chapitre 6.

acteurs de l'écosystème permettant de confronter sa représentation et de la faire évoluer en fonction de la situation. Il convient d'envisager ces artefacts comme des objets physiques ou virtuels construits par l'homme et où sont cristallisées les valeurs, l'expérience, l'intentionnalité, etc. de l'entrepreneur. Ces artefacts font partie intégrante de la situation dans laquelle l'entrepreneur se trouve. Celle-ci ne se limite pas aux acteurs mais intègre donc aussi les artefacts. Bref, une partie du rapport au monde de l'entrepreneur. Les artefacts servent donc à la structuration des activités entrepreneuriales de l'entrepreneur et permettent aussi de communiquer avec les acteurs de son écosystème. Ils peuvent être donc compris comme une trace de la démarche entrepreneuriale de l'entrepreneur, laquelle doit nous permettre de décrypter au mieux le paradigme de l'agir entrepreneurial évoqué précédemment. Les personnes en lien avec l'accompagnement ou encore avec l'enseignement de l'entrepreneuriat gagneraient bien à évoluer. Tels des archéologues ou des paléontologues, elles sont appelées à découvrir des vestiges enfouis, des traces cachées. Elles sont donc invitées à évoluer dans la mesure même où elles seront amenées à identifier ces traces et à les comprendre pour aider l'entrepreneur à concevoir des artefacts.

À ce niveau de la réflexion, faisons un petit détour pour bien comprendre la notion d'artefact à travers une réflexion menée il y a quelque temps (Schmitt, 2006). Quel lien existe-t-il entre un sens giratoire, un héritage de chameaux et un artefact entrepreneurial ? Cette question qui au premier abord peut paraître saugrenue est pourtant tout à fait intéressante pour comprendre l'entrepreneuriat dans l'état gazeux et, tout particulièrement, le rôle des artefacts au niveau de l'action entrepreneuriale. Pour y répondre rapidement, il est possible d'avancer que dans les trois cas, les personnes sont amenées à mettre en œuvre des artefacts permettant de donner du sens à la situation dans laquelle elles évoluent. Ceux-ci aident les personnes à se projeter dans un avenir et à développer des actions au présent pour y parvenir. En d'autres termes, le sens giratoire, le chameau et le projet entrepreneurial jouent un rôle important dans et pour l'action.

« On a inventé le carrefour avec rond-point qui s'appelle officiellement "le carrefour à l'européenne". Ceux d'entre vous qui ont roulé dans des carrefours aménagés à l'européenne ont été frappés par sa relative efficacité économique. C'est vrai, la fluidité globale du trafic ralentit. [...] Nous forçant à ralentir tous, il nous oblige à faire marcher notre tête. On a le temps de regarder ce qui vient à droite, à gauche, de comparer, d'estimer la distance du prochain, de celui qui vient, de celui qui va. On est en quelque sorte obligé d'être intelligent, obligé d'exercer nos fonctions cognitives. » (Le Moigne, 1991)

Dans cette histoire, Le Moigne donne à comprendre l'importance des artefacts pour l'action. La construction et le recours à ces artefacts correspondent à une représentation de la part du conducteur, non du carrefour mais de la situation dans laquelle il se trouve. En d'autres termes, il est possible de dire que le conducteur s'est représenté la situation dans laquelle il évolue. Le sens giratoire a ceci d'intéressant par rapport aux feux de circulation : il oblige le conducteur non seulement à ralentir mais surtout à analyser la situation et à élaborer des comportements intelligents à son propre niveau, mais aussi à celui des autres conducteurs se trouvant à ce moment dans le carrefour. Le sens giratoire devient un outil de communication entre les automobilistes, à la différence des feux de circulation qui ne font que renvoyer à un méta-niveau hiérarchique (vert : je passe, rouge : je m'arrête). Dans ce cas, la régulation de la situation se fait en se remettant à la représentation symbolique des différentes couleurs du feu de circulation et, cela, de façon décontextualisée. Une autre différence notable existe entre le sens giratoire et le feu de circulation : le sens giratoire ne tombe jamais en panne. En effet, ce sens giratoire pour jouer son rôle de régulateur au niveau de la circulation n'a pas l'obligation d'exister. La preuve en est qu'à certains endroits, le sens giratoire est virtuel, il n'est que dessiné sur le sol.

Évoquons à présent l'histoire des chameaux comme artefact. Dans un petit pays en plein cœur de l'Afrique, tout le monde circule en chameau. Un jour, un vieux et riche marchand sentant la mort approcher fait appeler le sage du village pour lui dicter son testament afin de répartir équitablement ses biens et, notamment, ses onze chameaux, entre ses trois fils. Après la période de deuil, les trois fils se rendent chez le sage du village pour connaître les dernières volontés de leur père. Le sage procède à la lecture du testament. Le troupeau se répartira entre les trois fils de la façon suivante :

- La moitié du troupeau pour l'aîné.
- Un quart pour le second.
- Et un sixième pour le plus jeune.

Mais, très rapidement, un problème survient : en effet, comment répartir un troupeau de onze chameaux alors que onze est un chiffre premier ? Pour leur permettre de sortir de leur dilemme, le sage du village leur propose une solution. Il part chercher son seul et unique chameau. En ajoutant son chameau, le troupeau passa de onze à douze têtes. Il devient dès lors possible de répartir le troupeau tout en respectant les dernières volontés de leur père. Le sage attribue donc six chameaux à l'aîné (soit la moitié), trois chameaux au second (soit le quart) et enfin deux chameaux au dernier de la famille (soit un sixième). À l'issue du partage, les onze chameaux (6 + 3 + 2) se retrouvent bien répartis entre les trois fils du défunt et le sage reprend le dernier chameau qui était le sien. Les trois frères remercient le sage, contents de résoudre ce problème sans conflit et sans que cela ne leur ait coûté de l'argent.

Ce que nous retenons tout particulièrement de ce conte, c'est le rôle joué par ce douzième chameau. Comme le souligne Lorino (1999) par rapport à ce récit, « en fait le douzième chameau est un pur artefact cognitif, une représentation destinée à transformer la structure du problème et à le rendre soluble pour les acteurs ». Ce chameau agit directement sur l'intelligibilité du problème et sur la représentation de celui-ci. Le recours à ce chameau apporte du sens à la situation à gérer. Il favorise le développement de savoirs heuristiques afin de fournir une aide à la construction de problèmes. Tout comme le sens giratoire, il n'est pas obligatoire que le douzième chameau soit présent pour permettre la résolution du problème.

L'artefact entrepreneurial est comme le sens giratoire ou le douzième chameau. Il est l'émanation de l'agir humain. Dans cette logique, l'entrepreneur est amené à construire différents artefacts tout au long de sa démarche entrepreneuriale. Ces artefacts prennent des formes différentes, comme des objets (prototype, produit, affiche, simulation, application, plan d'affaires...) ou des concepts (idée, opportunité, vision entrepreneuriale, processus entrepreneurial, projet entrepreneurial...). Peu importe la forme, ces artefacts ont en commun leur conception pour donner du sens et leur communication aux acteurs de l'écosystème dans l'état gazeux. Ils expriment l'image du monde que se fait l'entrepreneur à partir de son intentionnalité avant de la communiquer aux acteurs de son écosystème. L'artefact agit comme une aide cognitive entre les différents aspects que sont la conception, la structuration et la communication de cette image du monde. La conception de ces artefacts, sous bien des aspects, favorise dans l'état gazeux l'identification des problèmes, la possibilité d'en prendre conscience et le pouvoir d'y apporter des solutions. Ces artefacts jouent aussi le rôle du point de vue de la coordination et de la collaboration entre les différents acteurs de l'écosystème, permettant une certaine régulation collective au sens de Lorino (1999).

Au final, à la lumière de ces différentes histoires, il est possible de revenir sur deux enseignements considérés comme essentiels pour aborder l'état gazeux de l'entrepreneuriat : l'importance des représentations et l'importance des savoirs humains. En ce qui concerne l'importance des représentations, la mise en place d'un artefact va permettre de construire une représentation commune et de la partager entre l'entrepreneur et les acteurs de son écosystème. En d'autres termes, si l'on se met d'accord sur une représentation et une définition du projet entrepreneurial, cela permet d'avoir une adhésion de l'ensemble des acteurs qui souhaitent jouer un rôle et donc d'envisager des voies d'action. Le projet entrepreneurial comme artefact singulier, par exemple, favorise l'évolution des représentations initiales de l'entrepreneur et des acteurs de l'écosystème, pouvant même faire émerger des liens jusque-là ignorés et pour certains inenvisageables ultérieurement (Schmitt, Julien, Lachance, 2002).

Au début de la démarche entrepreneuriale, l'entrepreneur et les acteurs de son écosystème n'ont pas forcément la même représentation des choses. Le fait de travailler collaborativement autour d'un artefact va amener les uns et les autres à faire évoluer leurs propres représentations[1]. Il en découle que les artefacts entrepreneuriaux ont pour vocation non de représenter fidèlement la réalité entrepreneuriale, ce qui s'apparente au sens de Lacroux (1999) à une recherche du « vrai[2] », mais de permettre l'expression de son interprétation par l'entrepreneur et les acteurs de son écosystème pour faciliter la conception, la structuration et la communication autour du projet entrepreneurial, en l'occurrence à des fins d'action. Le second point qui nous semble important, introduit à travers le concept d'artefact dans la perspective de l'état gazeux de l'entrepreneuriat, se concentre dans les savoirs humains. Les savoirs humains mis en œuvre dans ces différentes histoires résident « dans l'aptitude pragmatique à reformuler les problèmes, à forger des procédures de recherche, des heuristiques adaptées à chaque situation, en contexte » (Lorino, 1999). Il est possible d'envisager les artefacts entrepreneuriaux comme des heuristiques au service des entrepreneurs pour les aider à construire et à aborder les situations dans lesquelles ils évoluent. Plus généralement, il s'agit de donner du sens aux informations liées aux situations à gérer[3]. On voit ici émerger l'importance de la notion de reliance, évoquée *supra*, au niveau de l'entrepreneuriat[4]. Dans cette perspective, il convient d'insister fortement encore une fois sur le fait que l'entrepreneur est loin d'être une personne solitaire. Bien

---

1 Dans certains cas, cette évolution des représentations peut amener à arrêter le projet.
2 Pour compléter, il est important de préciser, à l'instar de P. Lorino (1999), que « le potentiel cognitif de la représentation n'est de fait pas fondé sur son réalisme, sur sa qualité d'image fidèle d'une réalité qu'on supposerait donnée ».
3 Dans la littérature, par rapport à cette idée de donner du sens, d'autres auteurs proposent les termes de « facilitateur » (Caillé, 1991) ou encore de « passeur de signes » (Teulier, 2000).
4 Sur ce point, voir notamment l'ouvrage de Julien sur le thème de l'entrepreneuriat régional et de l'économie de la connaissance (2005).

au contraire, les artefacts conçus dans l'état gazeux vont jouer un rôle important d'intermédiation entre les différents acteurs de l'écosystème entrepreneurial, permettant notamment à l'entrepreneur d'éprouver ses représentations.

La nécessité de traduire l'image au monde de l'entrepreneur

Comme évoqué précédemment, l'entrepreneuriat à l'état gazeux a pour point de départ l'intentionnalité de l'entrepreneur, qui se retrouve au centre de l'écosystème grâce aux artefacts que celui-ci est amené à concevoir pour communiquer auprès des acteurs de son écosystème. Il manque toutefois une dimension. Comment faire pour mettre en relation l'entrepreneur et les acteurs de son écosystème et les faire dialoguer ? En effet, *a priori* beaucoup de choses font que ces acteurs ne sont pas forcément en lien en dehors de l'artefact développé par l'entrepreneur à un moment donné. Plus précisément, comment relier les clients, les financeurs, les fournisseurs, les commerciaux… à l'entrepreneur ? L'artefact est une condition nécessaire mais pas suffisante. À partir du moment où nous considérons que les acteurs de l'écosystème de l'entrepreneur sont porteurs de représentations différentes, il devient nécessaire de développer un langage, une syntaxe, une grammaire qui soient communs aux acteurs en lien avec le projet porté par l'entrepreneur. En effet, rares, voire inexistantes sont les situations où l'entrepreneur n'a besoin de personne et peut se lancer seul. On voit alors apparaître la nécessité de construire un objet, un artefact, servant à générer une représentation collective et commune de son projet. Il s'agit donc de développer des représentations à partager. Nous estimons que cette tâche revient au moins dans un premier temps avant tout à l'entrepreneur, du fait qu'il est important pour celui-ci de détenir une vision globale de son projet entrepreneurial et d'y faire adhérer les acteurs de l'écosystème. Si l'on accepte le fait que les acteurs de son écosystème ont des représentations différentes d'une même chose, on comprend bien la nécessité de l'entrepreneur, notamment dans l'état gazeux, de développer autour d'un artefact un langage commun. Ce langage commun, pour être partageable, nécessite une traduction de l'intentionnalité de l'entrepreneur aux acteurs de l'écosystème. Nous sommes typiquement dans une situation que l'on pourrait qualifier de « traduction ». L'entrepreneur « doit faire preuve de cette forme d'intelligence qui consiste moins en la résolution d'un problème qu'en la mise en forme d'un monde partageable » (Martinet, 1993). De ce point de vue, nous sommes en lien avec la posture de la sociologie de la traduction (Callon, 1986), où l'idée est de rejeter ce qui sépare l'humain du non-humain. L'artefact joue le rôle de fil conducteur entre les acteurs de l'écosystème à travers un réseau en relation. Il est un instrument de dialogue entre l'entrepreneur et les acteurs de son écosystème. L'entrepreneur devient le porte-parole par rapport à cet écosystème et traduit sa volonté auprès de celui-ci en tentant également d'enrôler de nouveaux acteurs au sein de son écosystème. La traduction favorise le passage de l'implicite à l'explicite, pour développer un langage intelligible au sein des acteurs de l'écosystème. L'arrivée ou la sortie de nouveaux acteurs ou encore le développement ou l'évolution d'artefacts ont une incidence sur les composantes de l'écosystème et de l'écosystème lui-même. La traduction permet d'établir des liens entre les acteurs, les artefacts, les actions qui par bien des aspects peuvent paraître hétérogènes pour rendre intelligible ce que l'entrepreneur a comme représentation de son intentionnalité. La traduction est donc un enjeu important dans le paradigme de l'agir entrepreneurial.

À travers l'idée de traduction, nous voyons apparaître des éléments comme évoqué précédemment : la notion d'intelligibilité et aussi celle de cohérence. Dès le début, pour construire son écosystème, l'entrepreneur se trouve dans la situation de traduction de sa représentation du monde aux acteurs pour les faire adhérer à son projet. Tout au long de l'évolution de son écosystème, l'entrepreneur se doit d'être cohérent, au risque de perdre des acteurs de son écosystème qui pourraient ne plus vouloir s'y retrouver. Ainsi, au sein de l'état gazeux, la traduction va-t-elle permettre de construire un écosystème favorable autour de l'entrepreneur. À ce niveau de la réflexion, il convient de se demander si l'entrepreneur est capable de faire cette traduction. Cette compétence n'est pas toujours présentée au niveau des entrepreneurs, d'où dans bien des cas une fin prématurée du projet entrepreneurial dans ces premières phases. En effet, si l'entrepreneur n'arrive pas à constituer un écosystème favorable à son projet entrepreneurial en faisant y adhérer les acteurs de cet écosystème, il lui sera difficile d'y persévérer. Ce travail de traduction doit permettre à l'entrepreneur de passer des étapes, comme trouver des fournisseurs, des clients, des partenaires, des financeurs... tous les acteurs rencontrés par l'entrepreneur en situation. Au final, l'entrepreneur se retrouve plus souvent en situation de coconception qu'en situation de conception. La présence du préfixe « co- » permet d'insister non seulement sur la dynamique du processus de conception, mais aussi sur les multiples acteurs directs et indirects qui y participent.

Relier intentionnalité, artefact et traduction pour entreprendre

L'état gazeux, que l'on pourrait aussi qualifier d'« avant-projet », est important en entrepreneuriat car il permet de définir les contours du projet entrepreneurial et la démarche à mettre en place pour acheminer ce projet entrepreneurial vers l'état de cristallisation. Si l'on parle facilement d'avant-projet en management de projet, il n'en demeure pas moins que cette notion n'existe pas du point de vue de l'entrepreneuriat. Son absence renvoie au fait que cette partie n'est pas identifiée dans le domaine de l'entrepreneuriat. En fait, cette absence est préjudiciable pour comprendre l'entrepreneuriat et notamment les mécanismes cognitifs qui sont en jeu. En effet, comme nous avons pu le montrer, le risque est grand de se focaliser sur l'état de cristallisation et de développer des outils et des démarches uniquement dans ce sens. Or, beaucoup de choses se jouent dans la phase en amont, l'état gazeux, et qu'il convient de ne pas négliger. Ainsi, dans cette partie, reviendrons-nous sur deux aspects cognitifs importants relevant de l'état gazeux et favorisant le développement de l'entrepreneuriat : la problématisation et la conception.

Le développement, au cours de ces dernières décennies, des activités à projet (Boutinet, 1993 ; Lièvre, 2006) peut se comprendre comme « une forme typique de la culture moderne » (Joly *et al.*, 1994), voire du capitalisme moderne (Boltanski et Chiapello, 1999). La présence de ces activités témoigne de la contamination qu'évoque Midler (1993) pour montrer le fonctionnement quotidien des organisations par les activités « projets ». Ce développement permet de comprendre aussi l'intérêt actuel pour l'entrepreneuriat comme activité à projet singulière et souligne une autre dimension importante que l'on retrouve dans l'état gazeux : la notion de problématisation.

Alors que les réflexions en entrepreneuriat se sont largement inscrites dans une perspective de résolution de problèmes, c'est-à-dire dans une perspective où le problème est connu par avance, la prise en compte de l'état gazeux amène à considérer autrement l'entrepreneuriat, notamment sous l'angle de la problématisation, la problématisation étant l'action volontaire de poser un problème pour le résoudre. Là encore, il convient de sortir de la dichotomie qui s'offre rapidement à nous : problématisation (*problem setting*) *versus* résolution de problèmes (*problem solving*). Si l'on regarde l'évolution de l'entrepreneuriat, on pourra voir comme évoqué précédemment que la réflexion dans ce domaine s'est largement inscrite dans une logique de planification, c'est-à-dire rationnelle et normative. Le fait de limiter l'entrepreneuriat à ces dimensions renvoie à l'idée d'évoluer dans un univers considéré avant tout comme incertain, c'est-à-dire qu'il serait possible d'évaluer la probabilité d'occurrence de faire advenir un fait à partir d'une situation donnée. Dans cette perspective, les objectifs sont clairement identifiables et il suffit d'identifier le ou les chemins pour y parvenir. L'entrepreneuriat s'est donc focalisé essentiellement sur la résolution de problèmes. L'idée étant, à partir d'une opportunité d'affaires, d'identifier et de mettre en œuvre une démarche pour atteindre un objectif prédéterminé : la création d'entreprise. Longtemps, l'entrepreneuriat a fonctionné de cette façon, comme si la situation rencontrée était donnée, renvoyant à l'état de cristallisation, et non à construire, correspondant à l'état gazeux. Cela peut se comprendre aisément car, globalement, cette façon de penser permet de mesurer des choses tangibles (création d'entreprise, chiffre d'affaires...). S'inscrivant dans la tradition rationaliste, cette façon de penser est érigée comme une norme à respecter. Dans cette perspective, il est bien difficile de la remettre en cause. En effet, étant donné que les résultats étaient au rendez-vous, pourquoi changer ? Même si les résultats sont présents, il sera possible de faire différemment pour améliorer la situation entrepreneuriale dans laquelle on se trouve. En effet, si l'on reconnaît l'existence et l'importance de l'état gazeux du point de vue entrepreneurial, il sera nécessaire par le fait même de considérer que l'entrepreneur n'évolue pas dans un univers incertain mais avant tout dans un univers inconnu et donc nécessitant d'autres modes de raisonnement, en particulier autour de la logique complexe. Ce changement est très important pour comprendre l'entrepreneuriat actuellement. En effet, l'inconnu n'amène pas les mêmes réflexions ni les mêmes démarches. La nature de la situation est toujours la même ; c'est bien le regard qu'on y pose qui change. Ainsi n'est-il plus possible d'envisager l'état de cristallisation sous l'angle limité de la rationalisation et de la norme sociale, renvoyant à une représentation de l'entrepreneuriat comme une situation fermée, où il suffirait de connaître de façon exhaustive les éléments qui la composent pour proposer une démarche issue de la résolution de problèmes pour aboutir à quelque chose.

L'état gazeux amène à considérer l'entrepreneuriat comme une situation ouverte, c'est-à-dire dont les données ne sont pas connues et qui va dépendre de la représentation que s'en fait l'entrepreneur.

Dans cette logique, on parlera de « problématisation » pour aborder ces situations ouvertes. Cette notion très développée, notamment dans les sciences de l'éducation, est encore peu présente dans le domaine de l'entrepreneuriat. Pourtant, comme nous avons pu le formaliser dans d'autres travaux (Schmitt, 2009 et 2015 et Schmitt et Rosker, 2015), elle est très utile pour comprendre l'état gazeux de l'entrepreneuriat.

La problématisation correspond à la construction de la situation par l'entrepreneur et les acteurs de son écosystème. Bien souvent, dans les activités à projet en général et en entrepreneuriat en particulier, les situations ne sont pas données, elles n'existent pas en tant que telles, elles sont à construire. Cette construction ne se fait pas en une fois ni de façon linéaire. C'est un processus itératif nécessitant une reformulation régulière de la situation considérée. Alors que la résolution de problèmes engendre la planification en vue d'un but, en l'occurrence la création d'entreprise, la problématisation favorise ce fait à partir de l'état gazeux et contribue à la construction de l'agir entrepreneurial « chemin faisant ». Ce travail de problématisation est largement dépendant de l'entrepreneur et de sa vision du monde. Il est aussi très lié à la mise en place d'actions dans la mesure où il va permettre d'aider l'entrepreneur à mieux caractériser la situation dans laquelle il évolue. Ce travail se fait en interaction forte avec les acteurs de l'écosystème de l'entrepreneur. Mieux encore, la définition de l'écosystème se fait en fonction de la problématisation de l'entrepreneur et inversement. La problématisation apparaît donc comme les conditions initiales d'un système. Elle permet d'en construire le sens et d'en favoriser le développement à l'aune de ces conditions initiales. La sensibilité à ces conditions amène à considérer l'entrepreneuriat et les situations dans le cadre desquelles se retrouve l'entrepreneur sous un angle dynamique. Ainsi, les modifications des conditions initiales peuvent-elles amener des modifications plus ou moins importantes au niveau de l'agir entrepreneurial et donc des décisions et des actions à mener ? Dans une certaine mesure, on retrouve sous certains aspects « l'effet papillon » concernant les systèmes ouverts mis en lumière par Lorenz. Dans cette perspective, la résolution de problèmes (état de cristallisation) intervient une fois que l'entrepreneur a construit la situation de départ (état gazeux). S'il existe un grand nombre d'outils pour permettre de travailler sur une situation dont on connaît les données, force est de constater la faiblesse des outils dédiés à la construction des situations. Bien souvent, cette phase est faite de façon empirique, or problématiser ne s'improvise pas. Ces différents constats nous amènent à considérer que les problèmes rencontrés par les entrepreneurs sont plus liés à la construction d'une situation qu'à sa résolution, c'est-à-dire à la mise en place de solutions. Il devient urgent de développer des outils qui vont dans le sens de la problématisation, c'est-à-dire de permettre à l'entrepreneur de donner du sens à ses actions. Le passage de la résolution de problèmes à la problématisation nécessite aussi une posture d'accompagnement différente pour aider l'entrepreneur à problématiser. On passe ainsi d'une posture d'expert détenant la connaissance à une posture de facilitateur dont l'objectif est d'aider l'entrepreneur à créer du sens[1]. L'objectif de cette activité de problématisation au niveau de l'état gazeux est de pouvoir renforcer la robustesse du projet pour l'amener à l'état de cristallisation et pouvoir l'aborder sous l'angle de la résolution de problème. Ainsi, entreprendre, c'est savoir problématiser.

À côté de la notion de problématisation, lorsque l'on s'intéresse à l'entrepreneuriat, il convient de s'intéresser aussi à la notion de conception. Cette notion a fait son apparition récemment dans les réflexions en lien avec l'entrepreneuriat. Assez logiquement, les réflexions se focalisant sur l'état de cristallisation se sont tournées vers les activités de réalisation. Encore une fois, dans les faits, cela se traduit à travers des outils de planification, comme le plan d'affaires. En effet, conception et réalisation ne renvoient pas aux mêmes activités. Une nouvelle dichotomie apparaît au niveau de l'entrepreneuriat. D'un côté, la réalisation renvoie à l'idée de labeur et de souffrance, amenant une activité dite productive permettant de générer de la valeur. D'un

---

1 Voir le chapitre 7 du présent ouvrage.

autre côté, la conception est envisagée comme une activité ne développant pas de valeur et dont l'image largement véhiculée renvoie à une création *ex-nihilo*. Cette image est largement associée à celle du fameux « Eurêka » d'Archimède ou encore de la pomme de Newton (*cf.* figure 5.2), parce que dans l'imaginaire, soi-disant, la conception se fait de façon fortuite alors qu'il s'agit avant tout d'un processus en action dont, en l'occurrence, le protagoniste est l'entrepreneur.

L'absence de cette notion dans les réflexions et notamment dans celles portant sur l'entrepreneuriat renvoie aussi, comme le souligne Joas (1996), à la difficulté de travailler sur des notions ayant trait à la nature divine. Dans la tradition grecque, les mythes ne participent pas à la création, ils en sont la conséquence. Ils ne sont que le résultat de la démonstration divine. Les éléments sont donnés par le divin, il n'y a donc pas de conception en tant que telle. D'ailleurs, les mythes grecs ne s'intéressent essentiellement qu'à relater des histoires dans un monde donné. Par la suite, la religion judéo-chrétienne s'est inscrite dans cette lignée en précisant le rôle du divin et, par conséquent, le passionnément du rôle de l'homme : le labeur et la souffrance. Longtemps, l'idée de conception a renvoyé dans la culture judéo-chrétienne à l'activité de Dieu. Cette représentation de la conception est loin d'être neutre dans la façon dont l'entrepreneuriat par la suite s'est accaparé cette notion. Dans la perspective judéo-chrétienne prévaut « une création du monde à partir du néant par l'action du seul et unique Dieu créateur » (Joas, 1996, p. 83). Il faut attendre l'émergence du protestantisme pour faire évoluer cette image et redonner à l'homme la possibilité de concevoir. Par la suite, l'entrepreneur est devenu dans l'image de la société un demi-dieu dans la mesure où il est capable de concevoir des choses nouvelles en rupture avec l'existant. Mais c'est toujours *a posteriori* que la conception est envisagée. Cette idée de rupture renvoie essentiellement à l'idée d'innovation au niveau de l'entrepreneuriat. L'idée de conception, même si elle est présente dans les faits, est loin d'être considérée comme un aspect essentiel de l'entrepreneuriat, notamment par les entrepreneurs eux-mêmes, qui se focalisent plus sur l'innovation en tant que produit ou service, et donc en tant que résultat. Cette perception se retrouve aussi au niveau de l'accompagnement et de l'enseignement de l'entrepreneuriat. Et pourtant, il semble important d'amener à considérer que l'entrepreneur est capable de conception. Mieux encore, nous pensons comme Joas (1996) ou encore comme Sarasvathy (2001) que la conception est une capacité singulière dont dispose l'homme pour aborder les situations où il doit anticiper un futur. Ainsi, les mécanismes en œuvre sont les mêmes dans des situations aussi différentes que l'entrepreneuriat, l'innovation ou encore l'intrapreneuriat (Lavoie, 1998). Ces situations de conception se retrouvent aussi dans les activités de tous les jours, telles que faire le projet d'une nouvelle maison, de l'achat d'une voiture, de l'écriture d'un livre, des prochaines vacances... Ces différentes situations peuvent être résumées à travers cette phrase de Marx :

> « Ce qui distingue d'emblée le pire architecte de l'abeille la plus experte, c'est qu'il a construit la cellule dans sa tête avant de la construire dans la ruche. »

Le fait de considérer l'activité de conception comme une activité à part entière de l'homme en général et de l'entrepreneur en particulier est encore à entériner.

À travers cette rapide approche historico-culturelle, il est possible de comprendre l'évolution de l'entrepreneuriat dans notre société. Encore une fois, il serait nécessaire de s'affranchir de la dichotomie entre la conception et la réalisation, en envisageant au niveau de l'entrepreneuriat ces deux dimensions comme les deux faces d'une même pièce.

La relation au temps dans l'état gazeux de l'entrepreneuriat

La notion de temps, en entrepreneuriat, a souvent été envisagée comme une donnée objective et n'a pas fait l'objet de beaucoup de réflexions pour remettre en cause la manière de l'aborder. L'identification d'un état gazeux nous amène à revoir la conception du temps au niveau de l'entrepreneuriat. De façon générale, l'entrepreneuriat s'est plutôt calqué sur un temps objectif pour construire une réflexion qui soit avant tout rationnelle. Dans les faits, cela se traduit essentiellement par la mise en place de deux logiques selon Sarasvathy (2001 et 2008) : la logique de transposition et la logique divinatoire. Ces deux logiques sont souvent combinées dans les situations en lien avec l'entrepreneuriat. La logique de transposition correspond au fait de transposer notre état de la connaissance du moment dans un futur. Dans cette perspective, nous pensons toutes choses comme égales. Il est difficile de sortir du cadre et de proposer des choses nouvelles. Reprenons à notre compte ce proverbe : « Ce n'est pas en améliorant la bougie qu'on a inventé l'ampoule électrique » pour montrer les limites de la logique de transposition. Cette vision du futur est avant tout rationnelle avec pour objectif la maîtrise de l'avenir. Cela renvoie plutôt à l'entrepreneuriat de répétition et à l'entrepreneuriat d'imitation (Bruyat, 1993). Ces deux types d'entrepreneuriats correspondent à un entrepreneuriat qui s'appuie essentiellement sur des activités existantes à un moment donné. Sans jugement de valeur, il correspond à la très grande partie de l'entrepreneuriat développé dans notre société. La logique divinatoire, quant à elle, est le propre de personnes ayant des certitudes par rapport à l'avenir. Elles sont présentes partout dans notre société. Il suffit de prêter une oreille pour les entendre dire de quoi demain sera fait. Ce sont avant tout des convictions qui sont assénées avec force, comme des certitudes irréfutables. Cette logique s'inscrit essentiellement dans une approche normative du futur, autrement dit ce que le futur doit être. C'est dans cette logique que, bien souvent, les acteurs de l'écosystème cherchent à évaluer si le projet entrepreneurial va être une réussite ou pas. Comme évoqué précédemment, qui donc connaît le futur pour le savoir ? La logique divinatoire crée des « experts » qui, au final, ont droit de vie ou de mort sur une idée ou un projet. À travers ces deux logiques, il s'agit avant tout de faire entrer le cadre de la réflexion en entrepreneuriat dans une réalité considérée comme objective et normative et à laquelle on ne peut déroger. On se retrouve essentiellement dans une logique de résolution de problèmes, c'est-à-dire celle qui consiste à planifier les actions à mettre en place pour réussir. Toutefois, quand on travaille au contact des entrepreneurs, il est frappant de constater l'importance du futur anticipé et de la logique de problématisation qui va notamment de pair avec l'état gazeux.

Dans cet état, il s'agit de considérer de façon complémentaire le futur. S'il est d'usage de l'envisager de façon objective et linéaire, le futur est aussi une anticipation personnelle de ce que l'entrepreneur souhaiterait faire. Il est donc aussi subjectif. Cette notion d'anticipation est importante. Dans cette logique, le futur s'invite dans le présent. Ce futur anticipé est un artefact produit par l'entrepreneur en action prenant différentes formes en fonction de l'entrepreneur considéré afin de pouvoir l'éprouver dans la réalité présente. Ce futur anticipé joue donc le rôle de catalyseur de l'action au présent. Ainsi la dimension temporelle s'en retrouve-t-elle renversée ou, pour reprendre les propos de Watzlawick (1988) cités précédemment :

> « Ce n'est [...] pas le passé, mais le futur, qui détermine le présent. »

Cette capacité à concevoir le futur ne se décrète pas. Elle renvoie principalement au cerveau droit tel qu'évoqué précédemment. Si cette capacité à anticiper le futur ne se décrète pas, il convient de s'intéresser à la manière de la favoriser. On voit ici l'importance de la culture entrepreneuriale et de son développement. En effet, si l'on considère que les activités de conception font partie de notre environnement, il convient de constater que peu d'enseignements et d'accompagnements portent sur cette dimension. Il est souvent difficile de passer d'une activité de réalisation à une activité de conception et, par voie de conséquence, difficile de permettre l'anticipation d'un futur souhaité. Cette idée d'anticipation renvoie à la logique sous-jacente de problématisation. Au-delà du manque d'entraînement, c'est toute la structure de la société qu'il convient de regarder de plus près et, notamment, la place donnée au futur par rapport au présent. Un tour d'horizon rapide permet de considérer que les formations et l'accompagnement à l'entrepreneuriat sont centrés sur des logiques soit de transposition, soit divinatoire, et donc sur une logique de résolution de problèmes plutôt que de problématisation. Ce constat peut se généraliser à d'autres activités dans la mesure où, dans notre société, nous sommes essentiellement organisés pour réagir à une situation donnée et pour en résoudre les problèmes et, plus rarement, de manière à problématiser une situation en prenant en considération le futur à concevoir et à faire advenir. Cette situation est largement paradoxale car, comme nous l'avons évoqué précédemment, l'entrepreneur, comme beaucoup d'autres personnes, se retrouve très naturellement en situation d'anticiper son futur. Plus généralement, les spécialistes du comportement s'accordent à penser que l'anticipation d'un futur souhaité fait partie de l'agir humain. C'est pour cela qu'il est important de parler de « culture entrepreneuriale » plus que d'entrepreneuriat à ce niveau de la réflexion. L'enjeu est important dans le fait de favoriser les mécanismes de conception, de problématisation et d'anticipation très tôt dans la vie des personnes. Étonnamment, dans les premiers temps de l'enfance, les activités de conception sont très présentes mais tendent à disparaître au fur et à mesure que l'enfant grandit. Dans ces conditions, il convient de (ré)intégrer à différents endroits des activités favorisant ces dimensions afin de permettre aux personnes dans un premier temps d'être entreprenantes avant d'être entrepreneurs. Plus exactement, l'entrepreneur a besoin d'évoluer en fonction de l'état dans lequel il se trouve, état gazeux ou état de cristallisation, dans une dimension allant du futur vers le présent et du présent vers le futur.

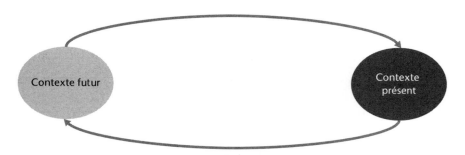

Figure 5.2 – Entreprendre, une temporalité circulaire entre le futur et le présent

L'idée d'anticipation du futur vient alors compléter la notion de vision entrepreneuriale, développée notamment dans les travaux de Filion (1991) qui avait, en son temps, permis de réhabiliter l'importance du futur au niveau de l'entrepreneuriat. Cette notion, bien qu'intéressante, demandait à être précisée. En effet, l'idée de projection renvoie à une idée du futur quelque peu linéaire, allant du présent vers le passé. Or, comme évoqué précédemment, le futur vient aussi conditionner le présent. Il le fait à partir d'un projet entrepreneurial. Le projet entrepreneurial en tant qu'artefact favorise la problématisation et permet de faire du lien entre les différents éléments de l'écosystème, que ce soit les acteurs ou d'autres artefacts de cet écosystème. Il s'agit de mettre en cohérence l'image que se fait l'entrepreneur du monde pour éclairer les décisions et les actions présentes de celui-là. Les exemples de Daniel ou de Cyril vont permettre d'illustrer nos propos.

> **Exemple**
>
> Daniel, paysagiste de formation, a pour projet de développer des clôtures de sécurité entièrement végétales. Cyril, quant à lui, projette d'améliorer l'adhérence des motos. Pour ce faire, il a développé un concept de moto à deux roues motrices. Dans les deux cas, le produit envisagé se décline sous forme de projet où il est possible d'identifier les clients potentiels, les fournisseurs envisagés, les financeurs, la stratégie, l'organisation possible… et la relation entre ces différents éléments. Tous ces éléments

•••

Entreprendre, c'est s'intéresser au rapport au monde...

• • • forment ce qu'il convient d'appeler donc le « projet de l'entrepreneur », sa vision du monde en relation avec son monde propre. Chaque élément du projet correspond à des hypothèses plausibles. Enfin, de la cohérence du projet ressort la relation entre ces éléments.

Ainsi la prise en compte du futur n'amène-t-elle pas à considérer si le projet va réussir ou non, s'il est intéressant ou non, mais bien à considérer la cohérence de celui-ci. Sans cohérence, l'entrepreneur aura du mal à faire adhérer les acteurs de son écosystème à son projet entrepreneurial. Dans un premier temps, à l'état gazeux, c'est la globalité du projet qu'il faut évaluer. Dans cette perspective, il est déplacé, lorsque l'entrepreneur en est à l'état gazeux, d'évaluer chaque élément de son projet. Or, bien souvent, les acteurs de l'écosystème agissent comme si nous étions dans une situation compliquée où il faut isoler chaque élément du projet pour l'évaluer, alors qu'elle est avant tout complexe et qu'il faut l'envisager dans sa globalité. Il semble important de faire évoluer nos façons d'évaluer les projets proposés par les entrepreneurs. N'oublions pas qu'un projet n'est rien d'autre qu'une représentation de l'entrepreneur par rapport à son écosystème. C'est une vision personnelle de la situation envisagée. Il est donc plus opportun de se limiter à la cohérence du projet dans son ensemble et des éléments entre eux que d'évaluer chaque élément indépendamment les uns des autres.

De façon générale, il est possible de conclure qu'il est nécessaire d'envisager différemment l'entrepreneuriat. Tout d'abord en considérant qu'il ne se limite pas à l'état de cristallisation. Dans ce sillage même, l'introduction de l'agir entrepreneurial permet de mettre en avant un nouvel état pour comprendre l'entrepreneuriat : l'état gazeux. L'introduction de ce nouvel état n'est pas neutre dans la mesure où de nouvelles notions vont apparaître. En effet, dans l'état gazeux, l'entrepreneur est amené à concevoir, c'est-à-dire à anticiper un futur souhaité. En problématisant ce futur souhaité, il pourra donner du sens à son projet au présent en donnant lieu à une compréhension partageable.

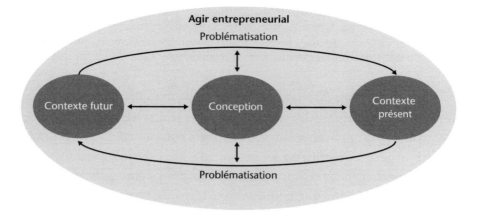

Figure 5.3 – Modélisation de l'agir entrepreneurial

Finalement, l'émergence de cet état gazeux permet de sophistiquer notre représentation de la complexité de l'entrepreneuriat. Plus précisément, nous ne pensons l'entrepreneuriat que sur un seul aspect, l'état de cristallisation, alors qu'il conviendrait de le considérer à travers l'image d'une pièce de monnaie, où l'avers et le revers sont représentés par l'état gazeux et l'état de cristallisation. L'idée d'envisager ces deux faces n'est pas neutre. Elle modifie nos conceptions habituelles et notre façon d'envisager l'entrepreneuriat. Les actions menées par l'entrepreneur doivent être différenciées en fonction de l'état où il se situe. Ces deux états ont un impact non seulement sur la façon d'envisager l'entrepreneuriat, mais aussi sur la façon d'accompagner, de faire de la recherche et d'enseigner l'entrepreneuriat. Cela se traduit notamment par des démarches qui, aujourd'hui, montrent leurs limites, comme par exemple les concours à la création d'entreprise ou encore le saucissonnage de l'enseignement de l'entrepreneuriat autour des grands thèmes du plan d'affaires. Beaucoup de financements correspondent essentiellement dans l'état de cristallisation à des résultats, lesquels sont au final plus que faibles. Il est donc important de développer des approches alternatives basées sur l'état gazeux qui permettent de créer une valeur globale tant pour l'entrepreneur que pour l'écosystème et pour la société.

L'essentiel

▶▶ **Le projet entrepreneurial ne naît pas de rien.** Il est la traduction du rapport au monde de l'entrepreneur. Aussi est-il essentiel de comprendre l'intentionnalité de l'entrepreneur.

▶▶ **Le projet entrepreneurial comme artefact** est l'image que l'entrepreneur souhaite faire parvenir à son écosystème.

▶▶ **Le travail de traduction** vis-à-vis de l'écosystème ne doit pas être négligé. Sans traduction, il n'y a pas d'adhésion de l'écosystème.

▶▶ **Dans une perspective systémique**, intentionnalité, artefact et traduction sont en constante interaction.

Chapitre 6

Des outils pour aborder l'agir entrepreneurial

À partir du modèle des 3M, nous avons cherché à décliner l'agir entrepreneurial du point de vue opérationnel. Notre expérience nous a amenés à développer des outils permettant d'aborder l'intentionnalité de l'entrepreneur, son projet et son écosystème. Voici donc, dans cette optique, les trois méthodes que nous mobilisons au quotidien.

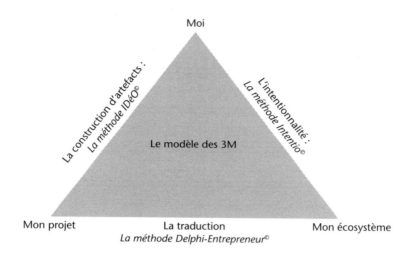

Figure 6.1 – Des outils pour aborder le modèle des 3M

La méthode IDéO©

L'objectif de la méthode IDéO© est double. Il s'agit dans un premier temps de permettre à l'entrepreneur de construire son projet et, dans un second temps, de le traduire afin de le rendre partageable avec les acteurs de son écosystème. Nous avons élaboré cette méthode au début des années 2000 pour aider les entrepreneurs dans la phase de l'état gazeux. Un travail de recherche portant sur la relation entre vision et création de valeur dans les entreprises en émergence a permis de mettre en exergue que non seulement les méthodes étaient largement focalisées sur l'état de cristallisation autour du business plan, mais aussi qu'il existait peu, voire pas de méthode pour aider l'entrepreneur à construire et à formaliser son anticipation du futur autour d'un projet entrepreneurial et à pouvoir le traduire auprès de son écosystème. En se focalisant sur le business plan et, plus récemment, sur des démarches comme le *lean startup*, la part belle est faite encore une fois à l'état de cristallisation. Or, il est nécessaire que l'entrepreneur soit aussi dans l'action dès l'état gazeux. Mais, pour cela, il faut lui permettre de construire une représentation claire du monde qui l'entoure et de ce qu'il souhaite faire pour la rendre actionnable sur le terrain auprès des acteurs de son écosystème. Au final, la méthode IDéO© répond aux besoins de conception de la valeur par les entrepreneurs que l'on retrouvera plus tard, de façon exacerbée, à travers les outils portés sur les *business model*. Ces outils, bien qu'intéressants, se focalisent avant tout sur le processus de création de valeur et négligent encore une fois la dimension d'intentionnalité. Si, de l'extérieur, le remplacement du business plan par le *business model* pouvait apparaître comme une certaine avancée, du point de vue de l'intentionnalité, on reste bien dans la même logique. Il s'agit d'avoir toujours plus de la même chose pour reprendre à notre compte les propos de Watzlawick (1975). Il convenait donc, selon nous, de sortir du cadre et de proposer un autre type de démarche. Du début des années 2000 à aujourd'hui, la méthode IDéO© a été mobilisée dans l'accompagnement de plus de 1 500 projets entrepreneuriaux. Une équipe d'une dizaine de personnes a été formée et mise en place au fur et à mesure pour répondre aux besoins d'un nombre croissant d'entrepreneurs. La méthode a fait l'objet d'un développement international afin de permettre son utilisation dans différents contextes.

La méthode que nous avons développée a pour finalité la construction d'un projet entrepreneurial et sa traduction auprès des acteurs de l'écosystème afin de permettre une représentation globale du projet entrepreneurial, en tenant compte des aspects internes et des aspects externes qui y sont liés. Il ne s'agit pas d'être exhaustif, mais plus de construire un sens particulier qui donne de la cohérence pour l'entrepreneur et pour les acteurs de son écosystème.

La méthode est composée de cinq modules qui s'organisent autour des questions suivantes :

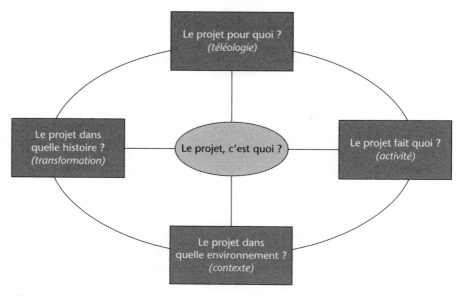

Figure 6.2 – Le modèle de la méthode IDéO©

- « **Le projet, c'est quoi ?** » Cette question permet à l'entrepreneur de formaliser à travers deux exercices le projet qu'il souhaite développer. Le premier exercice consiste à résumer en une phrase le projet autour de l'opportunité retenue. Cette phrase est conditionnée par le projet que veut construire l'entrepreneur autour de l'opportunité. L'exemple suivant montre bien les orientations qui peuvent être données selon le regard posé sur l'opportunité. Livraison de repas à domicile et réalisation et livraison de repas à domicile sont deux projets relativement proches mais, en réalité, bien distincts. Le premier ne prend en considération que la livraison, les repas étant produits par d'autres et nécessitant des collaborations (par exemple avec un restaurant) ; le second projet nécessite au contraire de mettre en place tous les éléments de la restauration (personnel, matériel, respect des normes, etc.), en plus de la livraison en tant que telle. La formulation de la phrase de départ réunit donc la traduction que l'entrepreneur fait, entre autres, de sa perception des attentes des clients, de la concurrence et de ses capacités propres à envisager cette concurrence. L'exercice en question consiste à dessiner le projet à partir de l'opportunité retenue. Cet effort de représentation permet de prolonger le premier exercice en favorisant l'expression d'éléments qui n'apparaissaient pas encore au niveau de l'écriture. De plus, il permet à ce stade de la réflexion l'émergence d'éléments de cohérence par rapport à la formulation de la phrase de départ. Bien souvent, la mise en perspective du dessin par rapport à la phrase permet déjà de soulever un certain nombre de questions liées au projet. Il s'agit de passer du dessein au dessin.

- « **Le projet, pour quoi ?** » Il s'agit de renseigner à partir des questions suivantes : « À qui cela rend-il service ? », « Sur quoi agit le projet ? », « Dans quel but ce projet existe-t-il ? » Les réponses à ces questions permettent de confronter la finalité du projet exprimée aux éléments de contexte de celui-ci. Notamment, cela amène l'entrepreneur à se poser des questions sur les clients potentiels (quelle forme prend la clientèle ?) et la concurrence (comment le projet se positionne-t-il par rapport à ce qui existe déjà ? Qu'est-ce qui existe déjà ?). Ces différentes questions inciteront ultérieurement l'entrepreneur à collecter des informations sur ces éléments, afin de valider ses intuitions. À ce stade de la réflexion, il s'agit de faire le point sur les éléments connus et/ou sur leur perception. En d'autres termes, il s'agit de faire ressortir la finalité du projet et donc le positionnement de l'entrepreneur par rapport à l'opportunité retenue.

- « **Le projet fait quoi ?** » L'objectif, à travers cette question, est de décrire les différentes activités qui seront nécessaires au bon fonctionnement du projet lorsque l'entreprise sera créée. Nous sommes ici dans la partie interne du projet entrepreneurial. Au-delà de l'activité, les informations recueillies permettent de renseigner sur les ressources et les résultats de l'activité. Ces questions renvoient donc à une représentation projective de ce que sera l'activité dans un fonctionnement quotidien. Cela permet encore une fois de dimensionner le projet et de mettre ses éléments en cohérence. En effet, si l'entrepreneur considère que, pour son projet, il a besoin de deux ou de trois personnes, il n'en ira pas de même que s'il en fallait une dizaine. Ces éléments conditionnent fortement, par exemple, la taille du local, le nombre de machines, les résultats attendus et les aspects financiers.

- « Quel environnement pour le projet ? » Là, il s'agit de s'informer sur les différents environnements liés au projet et à l'entrepreneur par rapport aux activités et à la finalité de celui-là. Il est important de connaître les éléments du contexte qui risquent d'avoir un impact sur la structuration de l'opportunité. Ces environnements sont multiples : environnement géographique, environnement technique, environnement économique, environnement réglementaire et juridique, environnement culturel et environnement humain. Ils favorisent le questionnement *a priori*. Le fait de se poser toute une série de questions sur ces environnements oblige l'entrepreneur à réfléchir à des aspects importants liés à l'opportunité, voire à d'autres qu'il n'avait pas forcément envisagées.

- « Quelle histoire pour le projet ? » De façon générale, l'entrepreneur est invité à se positionner par rapport aux trois temps : le passé, le présent et le futur. Le premier temps consiste à s'interroger sur des projets qui ont peut-être déjà existé, à comprendre leur réussite ou leur échec, mais aussi à voir comment évoluent la demande, la concurrence. Le deuxième temps correspond aux décisions à prendre par rapport aux projets, à la lumière de l'opportunité retenue. Enfin, le dernier temps renvoie à l'évolution du projet dans le moyen et le long terme. Il s'agit donc ici d'inscrire le projet dans une perspective dynamique.

Au-delà de la satisfaction des entrepreneurs (une enquête a été réalisée auprès de quelques entrepreneurs), ce qui ressort de leur part, c'est notamment le fait de ne plus prendre leur vision de départ comme une donnée non modifiable mais comme un point de départ à travailler. On parlera de travail de problématisation. Le travail autour des cinq questions leur aura donc permis, en effet, de mieux préciser l'objet de leur réflexion et de créer du sens à partir des différents éléments liés à leur écosystème. De plus, la méthode IDéO© les aura amenés à structurer un projet entrepreneurial dont ils ont pu tester la robustesse au niveau des acteurs de leur écosystème. Dans cette perspective, les entrepreneurs insistent sur l'importance de développer des allers-retours constants entre la conception et l'action. Enfin, les entrepreneurs insistent tout particulièrement sur le fait que la méthode IDéO© les aide à communiquer sur leur vision avec des acteurs de leur environnement.

Expliciter l'intentionnalité de l'entrepreneur

Il n'est pas possible de développer un projet entrepreneurial sans connaître l'intentionnalité de l'entrepreneur. Or, cette posture est celle que l'on retrouve habituellement lors de l'accompagnement de l'entrepreneur. Comme déjà évoqué précédemment avec l'exemple d'Étienne, souvent, l'accompagnement de l'entrepreneuriat est focalisé sur l'idée de produit ou de service porté par l'entrepreneur sans tenir compte de son intentionnalité. Prenons un autre exemple pour illustrer nos propos.

Exemple

Maggy souhaite faire prendre conscience aux personnes de l'importance des circuits courts et donc privilégier des producteurs locaux pour se nourrir. Maggy a décidé, pour faire avancer sa cause, de mettre en place un food-truck à partir de produits issus du travail de producteurs locaux. Au-delà des produits vendus dans le food-truck, des dépliants expliquant la démarche sont systématiquement donnés aux clients. Un site Internet, une page Facebook et aussi un compte Twitter viennent accompagner sa démarche auprès de son écosystème actuel. Lorsque l'on comprend l'intentionnalité de Maggy à travers son projet, on comprend que le food-truck n'est qu'un

•••

••• moyen pour faire avancer la cause dans laquelle elle souhaite s'engager : on peut consommer différemment en connaissant les producteurs locaux. Ainsi la question centrale devient-elle : « Comment accéder à l'intentionnalité de l'entrepreneur ? »

Quel que soit le degré d'avancement du projet, il est toujours important d'interroger l'entrepreneur sur son intentionnalité. En effet, celle-ci permet de comprendre le sens de l'agir entrepreneurial à travers les actions et les décisions de l'entrepreneur. Malheureusement, bien souvent, connaître l'intentionnalité de l'entrepreneur ne fait pas partie de la démarche d'accompagnement, qui se situe généralement dans une logique de rationalisation et de normes sociales de l'entrepreneuriat à travers un objectif : la création d'entreprise. Les démarches actuelles mobilisées telles que le *business model*, le *lean startup*... vont aussi dans ce sens. Toutefois, révéler l'intentionnalité de l'entrepreneur à travers son projet entrepreneurial est important à deux niveaux. Tout d'abord, au niveau de l'entrepreneur, pour lui permettre de prendre conscience du sens de ce qu'il entreprend. Cela renvoie à l'aspect interne du projet, c'est-à-dire le dessein. Cela lui permet donc d'interroger son agir entrepreneurial, ses actions et ses décisions, à la lumière de cette intentionnalité. En second lieu, il s'agit de donner à comprendre le sens de ce que l'entrepreneur souhaite développer auprès des acteurs de son écosystème, c'est-à-dire son aspect externe, le dessin.

Bien souvent, la compréhension de l'entrepreneur et de son intentionnalité auprès des acteurs de son écosystème se fait à travers le projet entrepreneurial inhérent au projet. Toutefois, comme évoqué précédemment, les représentations et donc les compréhensions peuvent se faire de façons différentes, amenant par exemple des structures d'accompagnement à déprécier le projet entrepreneurial ; il en va de même pour les acteurs de l'écosystème. Certes, il n'est pas facile d'identifier l'intentionnalité de l'entrepreneur. D'ailleurs, cette intentionnalité n'est pas toujours consciente chez l'entrepreneur lui-même. Toutefois, on en trouve des traces dans son projet entrepreneurial. C'est pourquoi nous travaillons systématiquement, avant même d'appréhender la dimension intentionnalité, la dimension projet entrepreneurial. Cela répond à la question « Le projet, c'est quoi ? » de la méthode IDéO©. L'intentionnalité peut donc être accessible à travers ses actions et ses décisions, c'est-à-dire à travers l'agir entrepreneurial. C'est le principe de la méthode Intentio©. Ainsi, si l'on considère le projet entrepreneurial de l'entrepreneur comme une trace de cette intentionnalité, il est donc possible d'en trouver d'autres traces. Plus précisément, il est possible de trouver des traces de cette intentionnalité dans le passé de l'entrepreneur, mais aussi dans son futur souhaité, dans l'évolution du projet en cours ou de nouveaux projets.

> **Exemple**
>
> Reprenons le cas d'Étienne[1] : il est possible de comprendre que son intentionnalité n'est pas de monter une entreprise centrée sur des T-shirts. Lorsqu'on l'interroge sur ses souhaits projetés dans le futur, il nous parle de sa volonté de concevoir du mobilier d'intérieur par exemple, comme évolution de son projet. Et lorsqu'on l'interroge sur ses souvenirs de moments où il aurait entrepris quelque chose, il nous parle de l'atelier d'ébéniste de son grand-père où il avait bricolé ses premiers objets.

À la lumière de cet exemple, il est clair qu'il convient plus d'aider Étienne par rapport à son intentionnalité que de l'aider à créer une entreprise de T-Shirts qui n'est finalement que la face visible de l'iceberg.

L'expérience que nous avons développée depuis plusieurs années auprès des entrepreneurs nous a permis de développer des outils simples à travers la méthode Intentio© permettant d'identifier et de comprendre l'intentionnalité de l'entrepreneur. Comme nous l'avons évoqué avec les exemples de Maggy et d'Étienne, lorsque nous rencontrons des entrepreneurs, nous cherchons toujours à mettre en lien ses actions et ses décisions avec son intentionnalité. Notre façon de procéder s'organise autour de trois séries de questions pour comprendre l'intentionnalité de l'entrepreneur : le projet actuel, les projets précédents et les projets envisagés. Ce travail sur l'intentionnalité se

---

1 Voir chapitre 4.

nourrit du travail fait sur le projet entrepreneurial à travers la méthode IDéO©. Le travail effectué à ce niveau peut être perçu comme une mise en abyme de l'entrepreneur. Il n'est pas toujours aisé de voir sa propre intentionnalité à travers son propre projet. L'objectif est de pouvoir mettre en perspective des pistes pour identifier et comprendre l'intentionnalité de l'entrepreneur, lui permettant notamment d'être en cohérence au niveau de ses décisions et de ses actions les unes par rapport aux autres. La connaissance de cette intentionnalité favorise aussi l'adhésion des acteurs de l'écosystème au projet entrepreneurial proposé par l'entrepreneur. Cette intentionnalité permet à tout un chacun de venir renforcer autour de celle-ci le projet proposé par l'entrepreneur. Toutefois, comme évoqué précédemment, cette intentionnalité est souvent très tacite, tant au niveau de l'entrepreneur que des acteurs de son écosystème. Au final, la non-connaissance de cet aspect intentionnalité engendre des difficultés non seulement de compréhension, et donc d'adhésion au niveau des acteurs de l'écosystème, mais aussi des difficultés d'accompagnement car ne correspondant pas forcément à l'intentionnalité de l'entrepreneur. À travers cette démarche, il s'agit d'aller au-delà de la face visible de l'iceberg pour approcher des dimensions cachées du projet entrepreneurial. Les outils ont donc pour objectif de rendre explicite l'intentionnalité de l'entrepreneur afin d'orienter l'agir entrepreneurial, c'est-à-dire les décisions et les actions en lien avec l'entrepreneur.

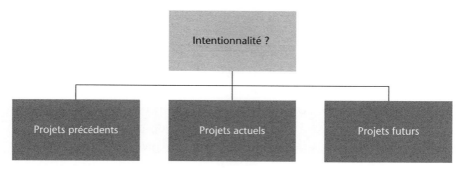

Figure 6.3 – La finalité de la méthode Intentio© : rendre explicite l'intentionnalité à partir des projets

Des outils pour aborder l'agir entrepreneurial

La méthode Intentio© s'organise donc autour des trois temps liés aux projets de l'entrepreneur. Il s'agit de trouver les liens, les points communs entre les différents projets portés par l'entrepreneur. Nous entendons par « projet » non uniquement des projets entrepreneuriaux, mais des projets que l'entrepreneur aurait pu porter à différents moments de sa vie. Ces projets peuvent être scolaires, associatifs, familiaux... Dans cette logique, les questions ont pour objectif de mettre en relation ces différents projets passés et souhaités pour comprendre les motivations que l'entrepreneur souhaite partager à travers son projet actuel.

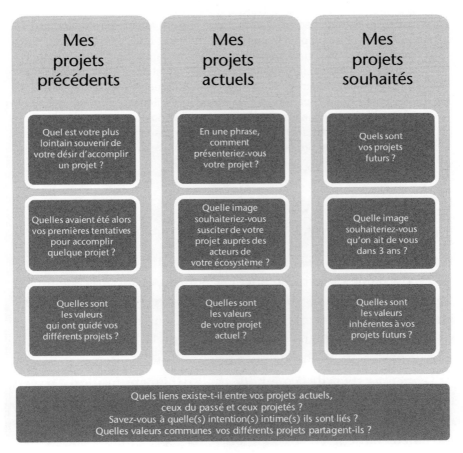

Figure 6.4 – La méthode Intentio© : les questions relatives à l'explicitation de l'intentionnalité

> **Exemple**
>
> Prenons l'exemple de Xavier qui souhaite développer un projet de « *relocation service* » à destination des entreprises après l'embauche et la mutation d'employés pour assurer leur insertion dans leur nouveau lieu de vie. Nous avons posé les différentes questions de la méthode Intentio© présentées ci-dessus à Xavier. Au-delà du service proposé aux entreprises, nous relevons un aspect essentiel lié à sa propre expérience : parfaitement trilingue, Xavier a eu l'occasion de vivre dans différents pays. Il ressort de cette expérience un besoin pour lui de mettre en place une démarche favorisant l'insertion dans une nouvelle culture, comme il a pu, lui-même, en éprouver la nécessité à plusieurs reprises à travers ses multiples déménagements. Il en ressort aussi la volonté de s'ouvrir aux autres, une passion pour la culture des autres et une envie d'amener les personnes à vivre une expérience positive par rapport à cela. Sa propre expérience transparaît fortement dans son projet actuel. Ses projets futurs s'inscrivent aussi dans cette volonté de rapprocher les cultures à travers un projet associatif permettant de découvrir facilement d'autres cultures. Il a fait sienne la maxime issue de la phrase de Saint-Exupéry : « Celui qui diffère de moi, loin de me léser, m'enrichit. » Il souhaite donc partager d'un point de vue professionnel sa vision positive de l'expatriation.

Construire l'écosystème pour favoriser l'agir entrepreneurial

Pour entreprendre, il est nécessaire de travailler sur la construction de l'écosystème de l'entrepreneur. Comme évoqué précédemment avec la métaphore sportive du rugby, l'entrepreneur est amené à identifier et à comprendre les acteurs et leur fonctionnement au sein de son écosystème. C'est la finalité de la méthode que nous mobilisons : la méthode Delphi-Entrepreneur© .

Le premier stade de la méthode passe par l'identification à travers une cartographie des types d'acteurs qu'il faudra rencontrer pour les convaincre de l'intérêt du projet entrepreneurial. Ce travail n'est pas forcément difficile en soi. Par contre, la représentation de l'entrepreneur risque d'être un frein à ce travail de cartographie. En effet, bien souvent, l'entrepreneur se limite aux grands types d'acteurs en lien avec son projet, sans forcément aller plus loin. Ce sont notamment les acteurs qui apparaissent de façon très explicite lors de la réflexion portée à travers la méthode IDéO©. On y retrouve assez facilement les clients potentiels, les fournisseurs, les concurrents. En revanche, il convient rapidement d'étendre cette cartographie. En effet, il faudrait aller bien au-delà des types d'acteurs explicites pour identifier aussi des types d'acteurs implicites du projet entrepreneurial. Concernant ces derniers acteurs, il s'agit de les identifier pour voir le rôle qu'ils peuvent avoir dans le projet, immédiatement ou plus tard. Pour cela, il est nécessaire d'aider l'entrepreneur dans sa réflexion. La question que nous utilisons pour commencer la démarche est la suivante : « Quels seraient les types d'acteurs à rencontrer pour faire avancer votre projet ? » À l'aide de la méthode Delphi-Entrepreneur©, nous demandons à l'entrepreneur de faire une liste de ces types d'acteurs et d'identifier le lien attendu par rapport à eux. À partir de cette liste, l'entrepreneur est amené à aller sur le terrain pour éprouver son projet, ainsi que l'écosystème qu'il a envisagé.

> **Exemple**
>
> Prenons l'exemple de Valérie et de Sophie qui ont pour projet le développement d'un robot se déplaçant sur les murs, principalement à destination des entreprises du BTP[1]. Le travail effectué avec ces deux entrepreneures a permis d'identifier des types d'acteurs potentiellement intéressants pour leur activité future. Au-delà des clients envisagés (les dirigeants d'entreprise), des fournisseurs pour le robot, des financeurs et des concurrents, des types d'acteurs institutionnels ont émergé comme les syndicats professionnels du BTP, la Chambre des métiers et de l'artisanat, les centres d'apprentissage des métiers du BTP, mais aussi les praticiens comme les utilisateurs directs du robot du fait d'un changement de pratique. On voit très bien qu'en tant que nouvelles venues dans le domaine, Valérie et Sophie sont dans la même position que le joueur de rugby envisagé précédemment et qui se retrouve sur le terrain sans connaître toutes les règles du jeu. Ce travail, grâce à la méthode Delphi-Entrepreneur©, a donc permis l'identification des types d'acteurs de leur écosystème.
>
> •••

---

1 Bâtiment et travaux publics.

••• Elles ont ensuite rencontré différents acteurs parmi ces types d'acteurs pour échanger sur leur projet. Après quelques rencontres a alors émergé la nécessité de faire entrer un nouveau type d'acteurs qu'elles n'avaient pas imaginés dans leur écosystème : les architectes. Ils sont envisagés comme prescripteurs de la solution robotisée qu'elles proposent et, notamment, pour des chantiers correspondant à de grandes surfaces. Au final, comme pour tous les entrepreneurs, nous leur avons conseillé de faire une veille active des types d'acteurs de leur domaine. En effet, elles doivent acquérir outre les noms des acteurs, les codes, le langage et les rituels du domaine. Il n'est pas possible d'être exhaustif en la matière ; et c'est d'ailleurs bien chronophage de vouloir l'être.

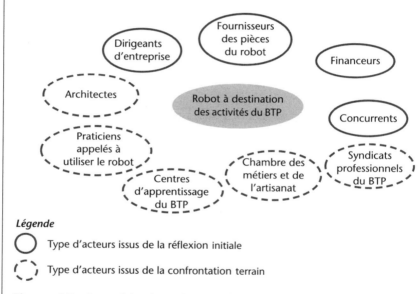

Figure 6.5 – La méthode Delphi-Entrepreneur© : identification des types d'acteurs

L'objectif de ce travail est avant tout de comprendre les règles de fonctionnement de la partie. Ainsi s'agit-il de comprendre le fonctionnement et le rôle de chaque type d'acteur, voire de chaque acteur. L'objectif de faire ces rencontres est double. Dans un premier temps, il s'agit de sortir de la logique normative provenant des éléments institutionnels trouvés en chaque acteur. Dans un second temps, il s'agit de se faire connaître des acteurs pour créer son propre écosystème. À la différence du travail demandé dans les analyses sectorielles, qui renvoie à une posture d'observation à travers des collectes d'informations, ici c'est la confrontation et l'action qui sont privilégiées autour du projet de l'entrepreneur et de son intentionnalité.

Rencontrer son écosystème n'est pas forcément chose facile. Culturellement, nous pourrions en effet avancer que ce n'est pas simple. En effet, dans notre façon de faire, l'entrepreneur est amené à aller très tôt sur le terrain pour rencontrer les différents acteurs de son écosystème, c'est-à-dire au cours de la période de l'état gazeux, alors que généralement, il commence à y aller dans l'état de cristallisation. En effet, culturellement, nous sommes habitués à ne rencontrer des personnes, à ne présenter nos projets que quand les choses sont clairement définies. Nous agissons de façon linéaire : conception du projet et ensuite, partage du projet avec l'écosystème. En agissant de la sorte, nous nous retrouvons assez rapidement dans une posture binaire renvoyant cette question aux acteurs de l'écosystème : « Adhérez-vous ou non au projet proposé ? » Dans ce cas de figure, il est nécessaire que le projet soit en lien avec les attentes de l'écosystème. Or, la probabilité qu'il le soit est assez faible. Nous préférons l'action à l'état gazeux. Le projet peut encore largement évoluer. Toutefois, le projet entrepreneurial étant peu avancé à l'état gazeux, l'entrepreneur hésite souvent à aller se présenter auprès des acteurs de l'écosystème. Pour arriver à cela, il convient de changer son regard sur la rencontre avec l'écosystème. Cette dernière ne doit pas être envisagée sous l'angle de l'évaluation du projet entrepreneurial par des personnes extérieures, mais sous celui d'une coconception avec les acteurs de l'écosystème. Dans l'état gazeux, l'entrepreneur doit apprendre pour comprendre son écosystème ; et le fait de rencontrer des acteurs de son écosystème l'amène à envisager le processus de conception comme un processus de coconception, où les acteurs de l'écosystème peuvent enrichir le projet présenté à travers différents allers-retours. La remarque qui nous est faite quand nous incitons l'entrepreneur à se confronter à son écosystème est la suivante : « Je ne suis pas prêt ! » Souvent, l'incitation proposée à l'entrepreneur le sort de sa zone de confort et il a la sensation de se retrouver nu devant ses interlocuteurs car son projet n'est pas abouti. Nous essayons de ce fait d'inverser la situation en répondant : « Qu'est-ce que vous êtes prêt à perdre ? » La réponse est souvent : « Rien ! » Finalement, bien souvent, c'est l'image de soi par rapport aux autres qui bloque l'action plus qu'autre chose.

L'idée de confronter son projet auprès des différents types d'acteurs de l'écosystème s'inscrit dans la logique *nemawashi*. Ce terme japonais correspond à un processus informel de négociation en douceur entre des personnes afin d'obtenir leur adhésion.

Exemple

Prenons l'exemple d'un type particulier d'acteur d'un écosystème : le financeur. Lorsque nous incitons un entrepreneur à identifier trois ou quatre acteurs dans ce domaine et à les rencontrer pour confronter son projet à eux, la remarque invariable est la suivante : « Mon plan de financement n'est pas terminé », autant dire « Je ne suis pas prêt ! » Nous expliquons à l'entrepreneur concerné que l'objectif de la rencontre n'est pas de demander de l'argent avec un plan de financement mais de pouvoir entrer en contact avec des financeurs afin de comprendre leur rôle dans l'écosystème, de leur présenter le projet entrepreneurial envisagé et de comprendre les attentes qu'ils peuvent avoir par rapport à ce projet.

Il est toujours plus enrichissant de discuter avec un banquier sans lui demander de l'argent. Régulièrement, les entrepreneurs reviennent avec des informations importantes par rapport à leur projet. Et si l'entrevue se solde par un intérêt faible, voire nul, cela permet de savoir ce qu'il y manque ou pourquoi le projet entrepreneurial envisagé n'intéresse pas certains acteurs de l'écosystème. Au-delà de l'identification des acteurs de l'écosystème, l'intérêt de la méthode Delphi-Entrepreneur© est le fait de présenter et confronter son projet entrepreneurial aux différents types d'acteurs identifiés. Ainsi le travail dans la logique de la méthode Delphi-Entrepreneur© est-il un processus itératif auprès des personnes considérées comme expertes dans leur domaine. On conseille à l'entrepreneur d'identifier trois ou quatre acteurs différents pour chaque type d'acteurs. Au-delà de quatre, une saturation de l'information arrive souvent. Après chaque rendez-vous, une synthèse d'une demi-page est demandée à l'entrepreneur afin qu'il puisse consigner non seulement la valeur ajoutée de son rendez-vous, mais aussi avoir une trace de l'intérêt de l'acteur rencontré par rapport au projet présenté. Enfin, il est demandé à chaque entrepreneur de faire vivre son écosystème afin de donner des informations sur son évolution aux différents acteurs rencontrés, voire au-delà d'eux dans certains cas. Cela prend la forme d'un site Internet, d'un blog ou encore d'une newsletter.

Le fait d'aller sur le terrain pour rencontrer son écosystème est très intéressant non seulement pour l'enrichissement du projet, mais aussi parce que ces rencontres sont des moments opportuns qui favorisent le développement de la confiance en soi et de l'estime de soi. Même si l'acteur de l'écosystème n'y adhère que partiellement, il y a souvent la satisfaction de constater que des personnes partagent des représentations communes à travers un projet entrepreneurial. Au final, il s'agit de créer un artefact, le projet entrepreneurial, commun à l'entrepreneur et aux acteurs de l'écosystème. On est typiquement dans l'intersubjectivité évoquée précédemment où les acteurs de l'écosystème sont capables de prendre en considération la pensée de l'entrepreneur dans leur jugement propre et inversement.

La méthode Delphi-Entrepreneur© amène à rencontrer les acteurs de l'écosystème en entretien ou encore de façon groupée. Cette dernière est intéressante car elle permet des interactions fortes entre les acteurs de l'écosystème, comme on peut le trouver dans l'approche *living lab*[1] par exemple, mais elle reste difficile à faire. En effet, il est difficile de réunir différents acteurs au même

---

1 http://www.lf2l.fr/

moment notamment s'ils sont concurrents. C'est pourquoi le rôle que peuvent jouer les structures d'accompagnement dans l'état gazeux est de favoriser les rencontres avec les acteurs de l'écosystème. Dans cette logique, il convient de sortir de la logique de concours en entrepreneuriat qui n'apporte pas grand-chose aux entrepreneurs en dehors d'un peu d'argent à un moment donné pour ceux qui ont gagné. Il serait plus intéressant de mobiliser leur réseau pour permettre aux entrepreneurs de construire un écosystème favorable au développement de leur projet. Dans cette perspective, nous avons développé des actions[1] dans ce sens afin de permettre aux entrepreneurs de gagner du temps et d'avoir en un même lieu un grand nombre d'acteurs de l'écosystème de l'entrepreneuriat, comme des financeurs, des chefs d'entreprise, des experts-comptables, des structures d'accompagnement, des personnes qui souhaitent apporter leur compétence dans des projets… Le développement des espaces de coworking va aussi dans ce sens : un lieu physique où il soit possible de rencontrer les entrepreneurs… Il reste encore à amener les acteurs de l'écosystème dans ces lieux.

L'essentiel

▶▶ **Au commencement,** il faut aider l'entrepreneur à exprimer son projet.

▶▶ **À partir du projet,** il est possible de travailler sur son intentionnalité de manière déductive.

▶▶ **Cette démarche** permet d'identifier les acteurs de l'écosystème qu'il convient de rencontrer.

---

1 Le Grand Oral du PeeL, Agora le Club du PeeL, Le tour de table des financeurs du PeeL.

Chapitre 7

Aider l'entrepreneur dans l'agir entrepreneurial

À travers ce point, il s'agit de s'interroger sur les modalités d'aide à l'entrepreneur. Cette réflexion correspond à des situations aussi variées que l'accompagnement entrepreneurial, l'enseignement de l'entrepreneuriat ou encore la recherche-intervention en entrepreneuriat. À y regarder de près, nous voyons que nous avons souvent agi en considérant que le projet entrepreneurial était donné et qu'il fallait aider à créer une entreprise. Encore une fois, nous nous retrouvons dans la logique habituelle de l'état de cristallisation. Celui-ci correspond à ce que nous connaissons actuellement au niveau de l'entrepreneuriat : à une aide à la création d'entreprise. Il convient plutôt de se poser la question : « Quelles postures pour aborder l'état gazeux qui n'est pas abordé habituellement en entrepreneuriat ? » S'il est important de se concentrer sur la rationalisation et sur le respect des normes dans la phase de cristallisation, il ne faut pas délaisser l'état gazeux et, notamment, les trois aspects le composant que sont l'intentionnalité de l'entrepreneur, la construction du projet entrepreneurial et la construction de son écosystème.

Du réparateur au facilitateur

Dans la lignée du second rôle[1] envisagé précédemment, il est nécessaire d'aider l'entrepreneur à aborder l'agir entrepreneurial dans l'état gazeux en vue d'en favoriser l'émergence, la structuration et d'assurer sa communication autour d'un projet entrepreneurial. Dans l'état de cristallisation, la posture requise est celle du réparateur. Cette posture renvoie à celle de l'expert en situation, celui qui sait et qui apporte une solution aux problèmes identifiés. Dans cette situation, il est très intéressant de pouvoir avoir dans son écosystème les experts techniques de l'entrepreneuriat, comme l'expert-comptable, le juriste, les différents types de financeurs, les spécialistes du brevet, de l'étude de marché... Ces experts représentent les différents arbres de la forêt de l'entrepreneuriat. À travers cette posture, il s'agit

---

1 Voir chapitre 2.

de rationaliser la réflexion, les décisions et l'action et de pouvoir répondre aux normes sociales en la matière.

> **Exemple**
>
> L'image du garagiste résume bien cette situation. Quand nous avons un problème de voiture, nous pouvons essayer de le régler par nous-mêmes si nous en avons l'expertise ou nous faisons appel à un spécialiste : le garagiste. Celui-ci est capable d'apporter des solutions indépendamment du propriétaire de la voiture. En effet, nous allons au garage, où nous confions notre voiture à un spécialiste et, au retour, nous la récupérons réparée. Il en va de même pour l'entrepreneur.

L'entrepreneur peut avoir une ou plusieurs expertises qu'il va mobiliser dans son projet entrepreneurial. L'objectif est de compléter son champ d'expertise s'il lui en manque pour aboutir à la création d'entreprise. Il pourrait même acquérir toutes les expertises dont il aurait besoin. Pris par le temps, il nous est plus facile de faire appel à des experts. C'est dans cette logique que les sites et les ouvrages dédiés à l'entrepreneuriat se développent. La rationalisation et les normes sociales focalisent toute l'attention, les démarches d'aide, les financements… La posture du réparateur correspond à la métaphore du lampadaire de l'ivrogne sous lequel celui-ci cherche ses clés car c'est le seul endroit où il y a de la lumière. À ce niveau, le projet entrepreneurial est morcelé en divers problèmes où, à chaque problème, on peut trouver un expert pour le résoudre. Le plan d'affaires apparaît comme un outil normatif pour aborder ces différentes dimensions techniques du projet entrepreneurial. Il agit comme une norme pour l'expert. Il va guider les actions à mettre en place et les décisions à prendre. L'expert agit dans une logique déductive. Cette dernière renvoie essentiellement à la résolution de problèmes se caractérisant par quatre étapes : l'identification (comprendre la situation initiale), l'analyse (recherche des points qui posent problème et qui seraient à travailler), la solution (une ou des solutions à mettre en place) et la mise en œuvre (plan d'action). On voit bien ici que l'action est largement absente du processus permettant de trouver une solution. L'expert apporte une solution par rapport à sa connaissance et à ses compétences. Dans cette perspective, le rôle de l'entrepreneur est de savoir s'entourer. Il est nécessaire pour lui de bien identifier les experts avec qui il souhaite s'engager.

De l'autre côté, l'état gazeux nécessite une tout autre posture pour aider l'entrepreneur. En effet, il ne s'agit pas d'apporter une expertise au niveau du projet mais bien de construire du sens entre l'intentionnalité de l'entrepreneur, son projet entrepreneurial et son écosystème. La personne qui intervient n'a pas pour objectif de proposer une solution, comme le réparateur. Elle a pour objectif d'aider l'entrepreneur à créer du sens afin de favoriser l'agir entrepreneurial. On passe ainsi de la logique de conseil à la logique de construction de sens. Cette logique, très connue dans les domaines de la psychologie et de la psychanalyse, trouve tout son intérêt dans le domaine de l'entrepreneuriat.

À la différence du réparateur, l'entrepreneur se fait aider par un facilitateur. Le rôle de celui-ci est avant tout de permettre à l'entrepreneur de comprendre son intentionnalité et de construire une représentation acceptable, partageable et cohérente de son projet entrepreneurial avec son écosystème. Ainsi, le facilitateur, en questionnant l'entrepreneur sur sa situation, va-t-il lui permettre de construire cette cohérence au niveau du sens, tant pour lui-même que pour les acteurs de l'écosystème, et de favoriser l'intentionnalité de son projet entrepreneurial.

Nous pouvons parler ici de « maïeutique » pour comprendre le rôle du facilitateur. Nous sommes bien dans la volonté de rendre explicites des aspects implicites, notamment à travers l'intentionnalité de l'entrepreneur et les liens entre les différents aspects de l'agir entrepreneurial. On retrouve ici tout le courant sur le mentorat en entrepreneuriat (Couteret et Audet, 2007, Saint-Jean, 2010) qui s'inspire de cette idée de maïeutique. D'inspiration essentiellement québécoise, cette démarche intéressante tend à se diffuser dans d'autres pays. Elle demanderait toutefois à pouvoir se généraliser plus largement. Elle s'inscrit bien dans la perspective de l'agir entrepreneurial. La maïeutique ne se retrouve pas seulement dans le mentorat ; il est possible de la retrouver dans l'accompagnement entrepreneurial ou encore dans l'enseignement de l'entrepreneuriat. Différents acteurs de l'écosystème peuvent participer à cette maïeutique. L'objectif n'est pas de la limiter au simple mentorat car le risque est grand de cloisonner l'entrepreneuriat aux seuls chefs d'entreprise qui agissent entre eux. Le facilitateur n'est pas là pour apporter un savoir d'expert mais bien pour permettre à l'entrepreneur de se poser des questions. La posture proposée est résolument tournée vers une approche réflexive de l'entrepreneuriat. Ces questions renvoient à chaque aspect de l'agir entrepreneurial : l'intentionnalité de l'entrepreneur, la construction de son projet entrepreneurial et la construction de son écosystème. Cela amène, grâce au facilitateur, une nécessaire prise de conscience de la part de l'entrepreneur par rapport à ses actions et ses décisions, passées, présentes et futures. L'image que nous pouvons donner ici est celle d'aider l'entrepreneur à descendre de son vélo pour se regarder pédaler. Le rôle du facilitateur est important pour envisager la complexité de la situation dans laquelle l'entrepreneur se trouve. Dans cette logique, la création d'entreprise n'est pas un objectif en soi. Elle n'est qu'une étape dans sa propre construction d'entrepreneur.

Le projet entrepreneurial devient l'élément central entre sa propre représentation et son écosystème. À la différence du garagiste qui est expert, le facilitateur permet à tout un chacun de construire sa propre représentation et donc sa propre cohérence à confronter avec son écosystème. Il ne détient pas de vérité, notamment par rapport au projet entrepreneurial, mais doit favoriser la construction de la propre représentation de l'entrepreneur. Chaque cas est donc différent et le facilitateur doit s'adapter à chacun. Il s'agit de prendre en compte les éléments et les interactions de chaque situation entrepreneuriale. Dans cette logique, le rapport à l'autre est très important pour permettre de se poser un certain nombre de questions, lesquelles peuvent émerger en fonction de rencontres effectuées. Il nous semble important de pouvoir organiser ce jeu de questions afin de faire avancer l'entrepreneur dans son agir entrepreneurial. En somme, ce qui va permettre le passage de l'état gazeux à l'état de cristallisation correspond à la robustesse des réponses apportées par l'entrepreneur aux questions du facilitateur.

À ce stade de la réflexion, nous proposons de faire une synthèse à travers le tableau suivant des deux postures que l'on retrouve au niveau de l'entrepreneuriat : celle du réparateur (état de cristallisation) et celle du facilitateur (état gazeux).

Tableau 7.1 – Des postures différentes entre le réparateur et le facilitateur

	Posture du réparateur	Posture du facilitateur
Type d'état	État de cristallisation	État gazeux
Objectif	La création d'entreprise	La construction de sens
Rôle de l'accompagnateur	Faciliter la création d'entreprise	Faciliter la construction de sens à partir d'une situation finale par rapport à une situation initiale
Modalité d'approche	Résolution de problèmes	Problématisation et résolution de problèmes
Approche	Expert	Favoriser le questionnement
Les étapes préconisées	Quatre étapes : • Identification. • Analyse. • Solution. • Mise en œuvre.	Deux étapes : • Amener l'entrepreneur à répondre à un problème de l'écosystème. • Identifier ce que l'entrepreneur est en train de faire par rapport à son écosystème.
Lien entre observation et action	Prépondérance de l'observation sur l'action	Relation forte entre l'observation et l'action
Place du plan d'affaires	Outil de référence	Un outil parmi d'autres
Besoin d'information	Pour établir un plan d'affaires à remplir	Par rapport à la nécessité de construire du sens
La réussite	La faisabilité	La cohérence
Élément symbolique	Plan d'affaires	Le projet entrepreneurial

• • •

	Posture du réparateur	Posture du facilitateur
Logique mise en place	Logique déductive	Logique inductive
Point d'intervention	Causalité linéaire	Intersubjectivité
Posture	Normative	Maïeutique
Relation à l'entrepreneur	Conseil	Suggestion
Relation à la réalité	Vérité	Représentation
Intervenant vu comme	Tiers exclus	Tiers inclus
Principe structurant	Principe de non-contradiction	Principe de contradiction

Aider l'entrepreneur : pour une rhétorique de l'agir entrepreneurial

Comme nous avons pu l'évoquer, une situation entrepreneuriale est avant tout une situation où l'entrepreneur se voit communiquer sa représentation du monde auprès de son écosystème à partir d'artefacts. Cette situation est par nature intersubjective. Il convient donc de s'interroger sur les modalités permettant cette intersubjectivité.

Les entrepreneurs que nous recevons ont souvent la certitude que leur projet va « fonctionner ». Notre travail, dans un premier temps, est d'écouter l'entrepreneur par rapport à son projet pour comprendre la manière dont il voit les choses. Le rôle de facilitateur passe donc par une phase d'écoute plus ou moins longue, en fonction de la situation de l'entrepreneur. Cette phase d'écoute est très importante pour comprendre l'intentionnalité de l'entrepreneur, les artefacts qu'il souhaite développer et l'écosystème envisagé. Cette écoute va permettre de comprendre aussi la cohérence de son projet et d'identifier les leviers d'action possibles. La finalité n'est pas de dire à l'entrepreneur ce qu'il doit faire mais bien de lui permettre d'avoir une représentation en cohérence avec les acteurs de son écosystème. Dans cette perspective, la posture du facilitateur n'est pas normative, elle est, comme évoqué précédemment, maïeutique. Il est là avant tout pour questionner afin de faire évoluer les représentations de l'entrepreneur. L'objectif n'est pas de juger l'entrepreneur et encore moins son projet. Il faut absolument s'affranchir de la logique binaire qui guide nos émotions à l'écoute d'un projet entrepreneurial : cela marchera ou cela ne marchera pas. Il ne faut pas oublier que nous sommes face à la représentation de l'entrepreneur. En effet, si le facilitateur n'est pas en accord avec le projet entrepreneurial, ce n'est que sa représentation. Dans cette perspective, le facilitateur pourra aisément questionner l'entrepreneur sur d'autres façons de voir les choses. L'idée est avant tout de suggérer d'autres réalités à l'entrepreneur et non de lui en imposer, comme ce serait le cas dans une logique normative.

C'est à l'entrepreneur d'avancer en faisant évoluer sa représentation. En effet, parmi les projets entrepreneuriaux qui n'avancent pas, on retrouve beaucoup de projets où l'entrepreneur n'est pas capable de faire avancer sa représentation. Le rôle du facilitateur est de sensibiliser l'entrepreneur sur les difficultés qu'il risque de rencontrer par rapport à sa propre représentation, afin qu'il la fasse évoluer ou non. Lorsque l'entrepreneur, pour différentes raisons, face aux difficultés rencontrées, n'est pas capable de faire évoluer sa représentation, nous sommes dans une situation que nous pourrions qualifier de « résistance ». Cette posture est résolument nouvelle dans la mesure où, en entrepreneuriat, l'idée est avant tout de rester dans une perspective normative autour de la posture du réparateur : l'expert intervient pour montrer ce que doit faire l'entrepreneur. C'est la posture du conseil. En agissant de la sorte, le réparateur s'inscrit dans une rhétorique platonico-aristotélicienne reposant sur les postulats de la vérité unique, de la causalité linéaire et du principe de non-contradiction. À travers cette rhétorique, il est sous-entendu qu'il est possible d'aider quelqu'un, en l'occurrence ici l'entrepreneur, en prenant sa place et en modifiant son projet entrepreneurial sans l'influencer. Le réparateur agit dans la logique du tiers exclu sans modifier la situation dans laquelle il va intervenir, renvoyant à la logique, bien connue des économistes, de *ceteris paribus* (« Toutes choses étant égales par ailleurs »). À l'inverse, le facilitateur n'est pas là pour prendre la place de l'entrepreneur mais doit assumer le fait de pouvoir l'influencer. Ce changement de posture n'est pas neutre. Il permet l'éclosion d'une nouvelle façon d'aider l'entrepreneur dans une logique de tiers inclus, dans la mesure où il fait partie de la situation en tant que telle. En effet, nous avons constaté que le fait de travailler uniquement sur le projet entrepreneurial ne permettait pas de faire avancer l'entrepreneur. Si l'entrepreneur n'adhère pas aux changements proposés par le réparateur dans une perspective normative, il ne se passe rien car le changement est imposé de l'extérieur : il ne vient pas de l'entrepreneur lui-même. On voit ici toute l'importance de comprendre la représentation de l'entrepreneur, mais surtout de considérer que les propos de l'entrepreneur ne renvoient qu'à sa propre représentation. Le facilitateur doit donc favoriser la contradiction.

La posture permettant de faire des suggestions à l'entrepreneur pour lui permettre d'avancer sur la représentation de son monde n'est pas commune en entrepreneuriat. Globalement, elle n'est pas différente de la posture que l'on retrouve à d'autres endroits, notamment dans le domaine de la thérapie comportementale ou encore de la médiation.

Exemple

Reprenons le cas de Dominika, abordé au chapitre 2, qui fait de l'import-export de petit outillage entre la Pologne et la France. Tant que Dominika est restée sur sa représentation très classique clients/fournisseurs, elle n'a pas réussi à faire décoller son projet et, notamment, à faire adhérer les acteurs de son écosystème à son projet entrepreneurial. Après deux séances de travail a émergé la possibilité d'envisager différemment la relation avec ses clients et fournisseurs pour les considérer cette fois-ci comme des partenaires. Dans cette logique, il convient de trouver des partenaires qui souhaitent s'engager avec elle dans le projet. Il n'est plus question d'acheter du stock et de faire payer ses produits. Il s'agit de faire avant tout adhérer les acteurs de son écosystème à son projet.

• • •

••• C'est dans cette logique qu'elle a proposé par exemple aux clients d'essayer ses produits et de ne les payer que s'ils sont satisfaits. Le rôle de facilitateur que nous avons joué auprès d'elle a été de l'interroger sur son intentionnalité, sur la cohérence de son projet et de suggérer différents scenarii vis-à-vis des clients et fournisseurs de l'écosystème.

On voit donc que le but n'est pas clairement d'aider l'entrepreneur à créer une entreprise mais de le conduire à changer son mode de perception, d'interprétation et de communication de sa réalité, de manière à passer d'un rapport dysfonctionnel de la réalité entre l'entrepreneur et son écosystème à un rapport fonctionnel.

Exemple

Trois entrepreneurs, Maria, Julien et Ana, ont pour projet le commerce en ligne de sous-vêtements de luxe pour homme. L'une des rencontres avec ces trois entrepreneurs avait pour enjeu de les questionner sur la manière de montrer leurs produits à leur écosystème. Ils sont venus à la réunion avec l'idée de fabriquer une série de caleçons pour montrer leur savoir-faire. Coût de l'opération : 3 000 €. Somme qui peut paraître modique pour certains mais qui est souvent un vrai frein, notamment auprès d'une population de jeunes entrepreneurs. En faisant le tour des financements possibles, il est clairement apparu qu'ils envisageaient de demander de l'argent autour d'eux de façon formelle (banque) ou informelle (parents, amis, ce que l'on appelle *love money*…).
Dans les deux cas, ils se sont mis dans une logique de dépendance à l'égard des autres. Pas facile de convaincre. Nous leur avons proposé d'envisager les choses différemment. Au lieu de demander de l'argent, nous leur avons suggéré d'envisager d'autres modes de levée de fonds, notamment dans une logique où les personnes soient amenées à acheter un de leurs produits, plus précisément d'envisager une pré-vente. C'est la logique qu'on retrouve dans le *crowdfunding* (ou financement participatif) par exemple.
Comme ils ne connaissaient pas précisément ce type de vente, ils ont pris du temps pour y jeter un œil de plus près. Au final, ils se sont construit une représentation autour de cette idée de pré-vente. Il est apparu par la suite que cette pré-vente pour récupérer 3 000 € a quasiment été un jeu d'enfants.

Il est plus simple de pré-vendre un produit : les personnes sont souvent contentes de pouvoir aider des personnes en achetant un produit plutôt que de donner de l'argent pour de l'argent. Dans les deux cas, il convient de retenir la nécessité de suggérer des orientations afin de tester la robustesse des représentations de l'entrepreneur dans sa volonté de faire adhérer les acteurs de son écosystème et, notamment, en sortant des schémas classiques de pensée. Ainsi, comme nous avons pu le constater, le recours à des techniques de suggestion n'est plus considéré comme un comportement qui n'a pas lieu d'être dans l'aide à l'entrepreneuriat, mais plutôt comme une compétence utile, notamment dans l'état gazeux. D'une situation où l'aide en entrepreneuriat s'inscrit essentiellement dans une posture platonico-aristotélicienne, apparaît une nouvelle situation s'inscrivant cette fois dans une posture de nature sophistico-pascalienne. La posture platonico-aristotélicienne est avant tout guidée dans une perspective rationaliste favorisant une logique de conseil par le réparateur en tant que tiers exclu. Dans la posture sophistico-pascalienne, les suggestions pouvant être faites sont là pour induire le sujet à l'agir entrepreneurial en expérimentant à travers son écosystème ses changements de représentation. Cette posture essentiellement pragmatique donne un regard différent de celui de l'entrepreneur sur lui-même et sur son écosystème pour faire évoluer ses représentations. Nous pouvons arriver à la conclusion selon laquelle la rhétorique mobilisée dans la posture platonico-aristotélicienne correspond essentiellement à la rationalisation dans l'état de cristallisation : en effet, on peut considérer que c'est le savoir apporté par le réparateur qui permet à l'entrepreneur d'entreprendre, alors que dans la posture sophistico-pascalienne, la transformation des représentations de l'entrepreneur est un préalable pour favoriser l'agir entrepreneurial. Artefacts et communication vers l'écosystème de l'entrepreneur correspondent à l'essence même de la rhétorique de l'agir entrepreneurial.

La posture sophistico-pascalienne proposée par le facilitateur consiste donc à centrer l'aide apportée sur les représentations de l'entrepreneur. Alors que le réparateur impose son langage à l'entrepreneur, que celui-ci se doit d'apprendre, le facilitateur, pour sa part, doit parler le langage de l'entrepreneur. On voit ici la nécessité de sortir de la perspective normative dans laquelle s'est enfermée l'aide à l'entrepreneuriat autour de l'état de cristallisation, pour inclure une posture nouvelle basée sur la situation dans laquelle l'entrepreneur évolue.

Apprendre un langage prend du temps, ce qui explique pour une part la longueur des périodes d'accompagnement dans l'état de cristallisation. Le facilitateur opère, quant à lui, selon une démarche diamétralement opposée : il apprend à utiliser le langage des entrepreneurs. Il prête donc attention à l'image du monde que se fait l'entrepreneur et à la façon de l'exprimer à travers différents artefacts. Dans cette optique, tout est sujet pour questionner l'entrepreneur : des actions faites, des propos, des décisions, des artefacts…

> **Exemple** **Projet jus d'ananas 1/4**
>
> Prenons l'exemple du projet entrepreneurial porté par Marc et Sylvaine qui se résume de la façon suivante au début de la première séance avec la méthode IDéO© : « Commercialisation dans des distributeurs automatiques de jus d'ananas de qualité. » Le premier travail que nous avons effectué est un travail de reformulation de leur propos pour leur montrer qu'il peut y avoir un décalage entre le dessein et le dessin.

Cette reformulation est importante et doit donner la possibilité à l'entrepreneur d'entendre comment le facilitateur a compris le projet. En effet, en forçant les entrepreneurs à définir leur projet en une phrase et à s'en tenir là, nous les soumettons à un exercice difficile. Cela nous permet de voir quelles sont les idées qui sont véhiculées par cette phrase. Immanquablement, l'entrepreneur trouve qu'exprimer son projet en une phrase n'est pas assez pour dire tout ce qu'il a à dire. L'entrepreneur souhaite pouvoir justifier ses propos. Nous sommes dans une rationalisation *a posteriori* qui se met en place. L'objectif est dans un premier temps de comprendre le projet porté par l'entrepreneur et non de justifier sa possible réussite ou pas.

> **Exemple** — **Projet jus d'ananas 2/4**
>
> Très rapidement, à partir de la phrase résumant le projet entrepreneurial, des questions ont émergé sur des aspects de cette phrase, comme :
> - Pourquoi se limiter à la commercialisation ?
> - N'y a-t-il pas d'autres lieux de distribution que les distributeurs automatiques ?
> - Pourquoi se limiter au jus d'ananas ?
> - Que signifie à vos yeux la notion de qualité ?

Il s'agit surtout de rebondir sur les éléments donnés par les porteurs de projet. C'est pour cela que nous demandons aux entrepreneurs, pour chaque séance, de venir avec des éléments en lien avec leur projet, comme des prototypes, des photos, des maquettes, des synthèses sur les personnes rencontrées… Ces éléments permettent d'interroger l'entrepreneur sur ses représentations.

> **Exemple** — **Projet jus d'ananas 3/4**
>
> Derrière ces questions, un grand nombre de réponses ont pu être données par les deux entrepreneurs. En effet, grâce aux questions posées, nous avons pu mettre en évidence l'intentionnalité de leur projet, ses incohérences, ses difficultés, les aspects positifs… Cette intentionnalité n'était pas explicite. Il ne s'agissait pas d'une volonté consciente de cacher les choses mais plus d'une construction de scénario logique à leurs yeux par rapport à leur façon de voir les choses.

Comme bien souvent, à ce niveau-là de la discussion, l'entrepreneur a tendance à se parler à lui-même. Tant qu'il ne sait pas se confronter à son écosystème, il a du mal à anticiper les attentes des acteurs de cet écosystème. L'objectif est donc de faire évoluer ses représentations afin qu'il puisse rapidement rencontrer les acteurs de son écosystème. Le facilitateur joue le rôle de passeur et de traducteur auprès de l'entrepreneur par rapport à son écosystème.

> **Exemple** — **Projet jus d'ananas 4/4**
>
> Dans le cas de Marc et Sylvaine, ils sont venus avec des prototypes de leurs produits, une cannette de jus d'ananas. Nous avons pu à partir de cette cannette remonter tout le processus de fabrication qu'ils envisageaient. Une incohérence flagrante a rapidement émergé : dans la phrase, les deux entrepreneurs parlaient uniquement de commercialisation et, en discutant à partir de la cannette de jus d'ananas, nous avons appris qu'ils souhaitaient organiser la production de jus à partir d'ananas récoltés au Bénin en lien avec une association favorisant l'insertion professionnelle de jeunes en difficulté. Le sens de leur projet s'inscrit donc dans une volonté de commerce équitable, alors que l'expression de leur projet n'en fait pas mention.
> Autre aspect : la volonté de commercialiser ce jus au travers des distributeurs automatiques car ils connaissaient une personne dans le domaine. À partir des questions posées autour du réseau de distribution, il est apparu que le recours aux distributeurs automatiques n'était pas en cohérence avec les valeurs qu'ils souhaitaient véhiculer par le biais de leur projet entrepreneurial. Enfin, la mention « de qualité » dans leur phrase initiale a été mieux explicitée pour que nous puissions comprendre quel référent réel ils lui attribuaient. Nous avons convenu pour la fois suivante une dégustation à l'aveugle de différents jus d'ananas. Le test fut fait lors de la séance suivante. Il a été fort en enseignements : non seulement ils n'ont pas réussi à identifier leur produit parmi l'ensemble des produits proposés, alors qu'ils le considéraient comme le meilleur, mais plus encore : les deux entrepreneurs ont fait des choix différents. Cependant, les deux entrepreneurs, à la suite des échanges et des tests effectués, avaient peu de résistance à faire évoluer leur projet. Par rapport aux aspects mis en évidence, ils ont en effet fait évoluer le projet vers la phrase suivante : « Production et commercialisation de jus d'ananas dans une logique de commerce équitable à destination de circuits courts. » Ils ont commencé leur première vente sur des marchés et des foires d'exposition, leur permettant d'être au contact avec le public et de lui expliquer leur démarche. Les résultats étaient encourageants.

Ainsi le facilitateur ne s'efforce-t-il pas seulement de comprendre les valeurs qui guident l'entrepreneur, ses espoirs, ses attentes, ses doutes, ses préjugés… bref, tout ce qui constitue son image du monde, mais il prête aussi attention au langage utilisé par l'entrepreneur afin de l'utiliser par la suite.

La relation entre l'entrepreneur et le facilitateur

L'aide à apporter aux entrepreneurs, à l'état gazeux, doit être avant tout brève et limitée dans le temps. Trois séances sont d'ordinaire suffisantes pour aborder l'intentionnalité de l'entrepreneur, le projet entrepreneurial et l'écosystème. Toutefois, soulignons que lors des trois séances, ces trois dimensions sont présentes et qu'un focus particulier est effectué en fonction de la séance. Entre ces trois séances et, au plus tard, après la troisième séance, l'objectif est de convaincre l'entrepreneur d'aller sur le terrain pour continuer de faire évoluer sa représentation de son projet entrepreneurial. Il s'agit non seulement de faire l'expérience du terrain mais de confronter sa représentation aux acteurs de l'écosystème. Là aussi, immanquablement, l'entrepreneur émet un certain niveau de résistance par rapport à cette proposition d'aller sur le terrain.

L'argument récurrent dans cette situation est le suivant : « Je ne suis pas prêt ! » L'entrepreneur se retrouve bien souvent en dehors de sa zone de confort, faisant montre de réticence à aller sur le terrain. De plus, derrière cette réticence se cache aussi une posture rationnelle et normative. L'objectif n'étant pas là, il s'agit, dans l'état gazeux, de rencontrer les acteurs de l'écosystème pour partager leur représentation du projet entrepreneurial mené par l'entrepreneur. L'idée est plus de construire cet écosystème afin de donner à voir le projet aux acteurs de cet écosystème pour qu'ils s'y engagent ou non. Ce n'est qu'une première étape dans la construction du projet entrepreneurial. L'intervention du facilitateur doit être brève pour faire évoluer les représentations de l'entrepreneur. Une fois que l'entrepreneur est capable d'envisager différemment son projet en fonction des suggestions faites, il est très difficile pour lui de revenir en arrière et d'envisager le projet comme il était prévu initialement. Par expérience, ce n'est pas la quantité de temps passé qui permet fondamentalement de développer un projet entrepreneurial à l'état gazeux. En effet, prendre plus de temps ne permet pas une amélioration significative du projet. L'exemple des neuf points à relier par quatre droites sans lever le crayon, évoqué par Watzlawick, permet de bien comprendre que le fait de prendre beaucoup de temps ne permet pas de trouver la solution. En effet, plus on laisse de temps à la personne pour trouver la solution, moins elle s'en approche. Cela s'explique de la façon suivante : en principe, la personne qui commence à chercher la solution s'inscrit dans un ensemble de propositions qui relèvent toutes de la même logique, en l'occurrence relier tous les points ensemble en suivant les contours du carré dessiné par les neuf points. Or, c'est bien cette logique en question qui entrave la possibilité de relier les neuf points en recourant à une autre logique. Dans ce sillage, il est impossible de sortir du cadre. Tant que la personne reste dans ce schéma de pensée organisé autour de cette hypothèse implicite, aucune solution respectant les contraintes données ne va émerger. Même si l'on donne plus de temps à la personne, aucune solution acceptable ne va lui apparaître. La solution n'est pas une question de temps, mais renvoie à la capacité de la personne à envisager les choses autrement et à s'affranchir de l'hypothèse implicite dans laquelle elle s'est enfermée initialement. La solution est donc dans un autre ensemble de solutions, renvoyant à la possibilité qu'a la personne de sortir du cadre.

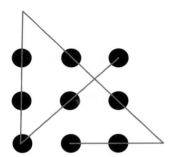

Figure 7.1 – Accompagner l'entrepreneur dans l'état gazeux : sortir du cadre

Nous pouvons observer deux étapes dans la relation entre l'entrepreneur et le facilitateur. La première est une étape correspondant à la rencontre entre les deux et la seconde étape renvoie au travail de coconception qui se met progressivement en place. La première étape est cruciale car riche d'enseignement pour l'entrepreneur et le facilitateur. Il est déjà possible de voir comment se comporte l'entrepreneur en situation, notamment autour des trois séances et sur le fait d'aller sur le terrain. Les entrepreneurs qui jouent le jeu voient une évolution notable de leur projet et du regard porté par les acteurs de l'écosystème sur leur projet. Dans cette première étape, en s'organisant autour de ces trois séances, le facilitateur se met à la recherche de prémices permettant de mettre l'accent sur l'intentionnalité de l'entrepreneur. Ces prémices sont le point de départ, les conditions initiales du projet entrepreneurial. Le facilitateur les recherche pour mieux comprendre la représentation du monde de l'entrepreneur et l'intentionnalité liées au projet entrepreneurial, et lui renvoyer de la sorte une image de son projet. Il s'agit de l'image reformulée par le facilitateur de l'image de l'entrepreneur.

On comprend du coup aisément les difficultés qu'il peut y avoir de compréhension, d'écarts par rapport à l'image initiale notamment. Cela correspond aux premiers chaînons du jeu, du processus de bouche-à-oreille dont l'objectif est de faire circuler une phrase entre plusieurs personnes et de voir à la fin à quel point elle peut être déformée. Une fois trouvées, ces prémices deviennent le véhicule de l'agir entrepreneurial. De plus, l'accès au terrain permet à l'entrepreneur d'engranger de la confiance et de l'estime de soi, ingrédients essentiels pour continuer à entreprendre. Le facilitateur ne doit pas hésiter à être redondant dans son discours à travers les suggestions et les questions qu'il peut avoir. Alors que, dans un état de cristallisation où domine la logique de rationalisation et de normes sociales, la répétition d'éléments de discours est souvent mal perçue, jetant du discrédit sur l'intelligence de l'interlocuteur, cette répétition, dans un état gazeux, est essentielle pour donner de la robustesse à la représentation de l'entrepreneur. Elle est gage aussi de cohérence par rapport aux acteurs de l'écosystème.

À l'état de cristallisation, la réussite s'évalue au fait d'avoir réussi ou non à créer l'entreprise souhaitée. Dans la perspective de l'état gazeux, il convient de considérer différentes étapes tout au long du processus. L'objectif n'est pas la création d'entreprise. Si l'entrepreneur passe cette succession d'étapes permettant de progresser, la création d'entreprise deviendra quelque chose d'inéducable. Ainsi, paradoxalement, moins on se focalise sur la création d'entreprise, plus on a de chances d'y arriver. Notre expérience nous amène même à une conviction toute à fait paradoxale : moins on parle de création d'entreprise plus il y a de création d'entreprise. En effet, en déplaçant la focale sur le processus plus que sur le résultat, les entrepreneurs s'engagent dans l'entrepreneuriat, font avancer leur projet et, *in fine*, transforment leur expérience en création d'entreprise. Dans cette perspective, l'entrepreneur et le facilitateur définissent un certain nombre d'objectifs réalisables à atteindre afin de tester la robustesse de la représentation de l'entrepreneur et favoriser sa confiance. Le facilitateur doit être capable de parler à tous types d'entrepreneurs, qu'ils soient jeunes ou âgés, seuls ou en équipe, quel que soit leur niveau d'éducation... Le facilitateur est un vrai caméléon.

Cet aspect se retrouve aussi dans la seconde étape de l'aide apportée à l'entrepreneur. Dans cette perspective, le facilitateur est amené à définir les principaux chantiers qu'il est important de travailler pour l'entrepreneur en fonction du projet considéré. Nous avons constaté la nécessité de développer des outils simples permettant une appropriation rapide de la part de l'entrepreneur afin de faire du lien entre le facilitateur et lui. Dans cette logique, nous avons pris l'habitude de formaliser et de structurer les échanges autour de chantiers considérés comme importants par l'entrepreneur. Chaque chantier fait l'objet d'une définition par rapport au projet entrepreneurial, à l'intentionnalité de l'entrepreneur et à son écosystème. Les chantiers sont différents en fonction du projet considéré, bien que notre expérience nous ait permis de voir la récurrence des chantiers autour de l'offre, de l'écosystème, des actions commerciales et du financement.

La figure 7.2 reprend un projet qui a pour objectif de « concevoir et [de] commercialiser des jeux d'ambiance pour sensibiliser sur les maladies mortelles ». Les chantiers ont été discutés et construits avec l'entrepreneur. Ce dernier est amené à remplir les différentes fiches de ses chantiers qui feront l'objet de discussions systématiques dans les rencontres de la seconde étape.

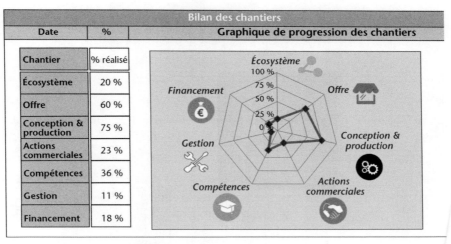

Figure 7.2 – Les chantiers d'un projet entrepreneurial

Si l'on inaugure un chantier, l'entrepreneur peut renseigner sur les actions qu'il souhaite mener prochainement. Il peut renseigner les modalités d'action ainsi que les livrables envisagés. Un des éléments intéressants consiste à permettre à l'entrepreneur de se positionner par rapport à la réalisation de chaque action et d'évaluer son degré de confiance pour chaque action. Au final, ces éléments sont autant de points de discussion entre l'entrepreneur et le facilitateur. Dans cette logique, l'entrepreneur avance en fonction de ses contraintes et de ses souhaits. Il n'y a pas de préséance à respecter.

Chantier « Écosystème » — Nom du projet

Enjeu :	Créer ma communauté	Nom du pilote du chantier : À remplir au sein de chaque onglet	Date de MAJ :	
Objectifs & résultats attendus :	*Par écosystème, on englobe toutes les actions qui visent à faire connaître votre initiative à vos partenaires potentiels et à profiter de leur éclairage pour mieux définir votre projet.* Inscrire un mois			

Actions	Période de début	Période de fin	Modalités d'action	Livrables	% réalisé	Confiance x/5
Action Écosystème 1	Janvier	Mars	Rencontres de clients potentiels	Prévoir des flyers de présentation et des cartes de visite	30 %	5
Action Écosystème 2	Janvier	Avril	Rencontres avec des développeurs de jeux dans le Grand Est	Prévoir des flyers de présentation et des cartes de visite	18 %	2
Action Écosystème 3	19 janvier	19-janv.	Présentation dans le cadre du Grand Oral du PeeL à Nancy	Une présentation en 1 minute avec 1 slide	14 %	3
Action Écosystème 4	30-janv.	30-janv.	Participation au salon des jeux de société à Paris	Prévoir des flyers de présentation et des cartes de visite	10 %	1
Action Écosystème 5	17-févr.	19-janv.	Pitch dans le cadre de Startup-week-end à Metz	Présentation fun pour faire adhérer autour de moi une équipe	30 %	5
					20 %	

Figure 7.3 – Exemple de chantier et d'actions envisagées

Le projet peut être amené à s'arrêter. Dans tous les cas, c'est l'entrepreneur qui en prend l'initiative. Là encore, il est important que l'entrepreneur prenne conscience des difficultés de son projet et de la nécessité d'y mettre un terme. Cela correspond à des situations où l'entrepreneur, après plusieurs tentatives, n'arrive pas à faire adhérer les acteurs de son écosystème à sa représentation du projet entrepreneurial. Le facilitateur peut suggérer cette possibilité en fonction des éléments remontés par l'entrepreneur, mais il n'a pas de droit de vie ou de mort sur le projet en question. Si cela ne vient pas de l'entrepreneur, celui-ci ne pourra pas faire le deuil de son projet ni capitaliser sur son expérience afin de rebondir professionnellement. Dans une logique très rationnelle, le réparateur en tant qu'expert explique que, par rapport à des éléments qu'il a, il met fin à l'aide qu'il peut apporter à l'entrepreneur. Dans l'état gazeux, c'est à l'entrepreneur, par rapport à ses représentations, de prendre cette décision. Il est clair que, dans ce cas de figure, un attachement peut se créer par rapport au facilitateur, amenant l'entrepreneur à ne pas vouloir s'émanciper de celui-là. Encore une fois, on voit ici l'importance du travail de suggestion du facilitateur, notamment sur la compréhension de l'entrepreneur quant à la nécessité de mettre fin à son projet. Le facilitateur agit comme un miroir afin de permettre à l'entrepreneur d'être en cohérence avec les trois composants du modèle des 3M : **M**oi, **M**on projet et **M**on écosystème.

En empruntant la terminologie propre à la psychanalyse, il est possible d'avancer qu'il y a lieu de transfert et de contre-transfert[1] entre le facilitateur et l'entrepreneur. De façon générale, il pourrait exister un effet miroir entre le facilitateur et l'entrepreneur. Du fait que le facilitateur est dans une posture de suggestion et non de conseil, il n'est pas amené à manifester le moindre signe d'interprétation ni de jugement de valeur par rapport à tout ce que l'entrepreneur est amené à dire ou à faire. L'expression de la voix, les hésitations sont autant

---

1 Dans ce cas, nous entendons la réaction inconsciente du facilitateur au transfert d'affects et de pulsions négatifs et positifs de l'entrepreneur à son égard dans le lien qui se tisse entre eux.

de signes pour le facilitateur dans sa compréhension de la situation entrepreneuriale. De plus, l'empathie, en tant que construit communicationnel, est importante pour faciliter l'adhésion aux suggestions proposées par le facilitateur. Centré sur les aspects pragmatiques de la communication, le facilitateur se sert de tous les éléments qui lui sont donnés consciemment ou inconsciemment par l'entrepreneur. La responsabilité du facilitateur est d'influencer concrètement les représentations et le comportement de l'entrepreneur en vue de produire des actions rapides et effectives. Au final, nous pouvons résumer la deuxième étape autour de trois aspects qui paraissent essentiels :

- L'adoption du langage de l'entrepreneur et donc de sa vision du monde.
- Le recours à des suggestions pour faire évoluer sa représentation du projet afin d'être en adéquation avec son écosystème.
- Les injonctions d'agir afin de confronter sa représentation du monde à son écosystème.

Pour conclure sur ce point, insistons tout particulièrement sur cette orientation nettement pragmatique que propose le facilitateur en se focalisant essentiellement sur la rapidité des effets de persuasion et d'action. On voit clairement que la communication entre le facilitateur et l'entrepreneur est un véhicule important dans la perspective de l'agir entrepreneurial. C'est précisément grâce à cette communication plus qu'à tout autre instrument que, consciemment ou non, l'entrepreneur construit et agit par rapport à lui-même et aux autres. En d'autres termes, sans une rhétorique correspondant à l'état gazeux, il est clairement improbable de faire évoluer les représentations de l'entrepreneur. En somme, nous pouvons affirmer que, ce qui rend possible l'application de la posture du facilitateur n'est autre que la construction, au moyen de la communication, « de réalités inventées qui produisent des effets concrets » (Nardone, 2000). Cela renforce l'idée qu'un entrepreneur ne doit pas rester seul et qu'il a besoin de trouver « son » facilitateur afin de pouvoir jouer l'effet miroir nécessaire pour favoriser le développement de l'agir entrepreneurial.

L'essentiel

▶▶ **Il convient de sophistiquer notre façon d'aider l'entrepreneur** en fonction de l'état gazeux ou de l'état de cristallisation. La posture du facilitateur convient pour l'état gazeux et celle du réparateur pour l'état de cristallisation.

▶▶ **Dans l'état gazeux,** il convient de développer une rhétorique permettant à l'entrepreneur d'exprimer son intentionnalité et de la communiquer à son écosystème.

▶▶ **Le facilitateur** agit dans une perspective de maïeutique. Pour cela, il est nécessaire de développer des outils appropriés.

Chapitre 8

Favoriser l'expérience de l'agir entrepreneurial

Entreprendre est avant tout une expérience. Dans cette perspective, elle ne devrait pas être réservée à des « élus ». Aussi faut-il se délester de cette image d'Épinal évoquée précédemment autour de l'entrepreneur, héros des temps modernes. Il convient de favoriser cette expérience et de contribuer à son déploiement. La suite de notre propos sera de nous interroger sur les modalités et les moyens à mettre en œuvre pour permettre cette expérience de l'agir entrepreneurial. Dans ce sillage, entreprendre sort définitivement de la dimension objective autour de la création d'entreprise pour s'orienter vers une conscience de soi et du monde dans lequel est l'entrepreneur.

L'expérience du réel comme levier de l'agir entrepreneurial

Derrière cette idée d'agir entrepreneurial, comme nous avons pu l'envisager tout au long de l'ouvrage, transparaît l'idée directrice qui nous guide dans notre réflexion, celle de l'expérience du réel. Plus que l'entrepreneur, l'expérience de l'entrepreneur est la pierre angulaire de l'entrepreneuriat. En effet, cette expérience est centrale dans la mesure où elle va questionner l'intentionnalité de l'entrepreneur, se traduire dans le projet entrepreneurial et être perçue par les acteurs de l'écosystème. Comme évoqué précédemment, il n'est pas possible d'accéder au réel, mais on peut s'en faire une expérience. C'est la finalité de l'agir entrepreneurial de favoriser le développement de cette expérience. Se posent alors trois questions essentielles, résumées dans la figure suivante : « Comment favoriser l'expérience des entrepreneurs ? », « Se faire une expérience de quoi ? » et « Comment apprendre de ses expériences ? »

Concernant la première question relative à l'idée de favoriser l'expérience du réel, on retrouve l'importance de l'action, à l'origine de cet ouvrage. En effet, mettre les entrepreneurs en action est un aspect essentiel de l'agir entrepreneurial. Grâce à nos expériences diversifiées, nous voyons que la posture de l'action est très

Favoriser l'expérience de l'agir entrepreneurial

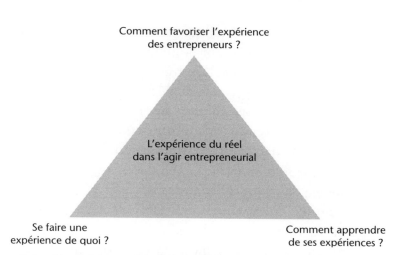

Figure 8.1 – L'expérience du réel dans l'agir entrepreneurial

efficace et, cependant, elle est loin d'être facilement intégrée par les entrepreneurs. Deux dimensions peuvent être envisagées par rapport à cette difficulté de changement de posture : le rapport culturel des individus à l'action et la dimension psychologique de l'entrepreneur. La première renvoie à une dimension culturelle de la société. Bien souvent, les entrepreneurs ne baignent pas dans une culture de l'action, bien au contraire. La culture dans laquelle ils se trouvent ne s'inscrit pas traditionnellement dans l'action comme point de départ de toute situation. C'est même l'inverse. Dans la culture de la société, l'action est envisagée le plus souvent comme la résultante de la réflexion. Dans cette perspective, l'entrepreneur se sent désarmé pour passer à l'action alors qu'il n'a pas réfléchi à l'ensemble de son projet entrepreneurial. Encore une fois, il y a confusion dans les états. L'entrepreneur fait comme s'il était dans un état de cristallisation, avec la nécessité d'avoir un projet complet auquel il aura longuement réfléchi, alors qu'il se situe la plupart du temps dans un état gazeux. Au final, amener très rapidement l'entrepreneur à être dans l'action a beaucoup d'avantages. Cela permet notamment de trouver des réponses aux questions qu'il se posait jusque-là, mais surtout de faire émerger des questions nouvelles dont il n'a pas conscience tant qu'il n'a pas franchi le cap de l'action. Il faut donc inverser le cours des choses et favoriser l'expérience de l'action très rapidement. Cela demande de travailler aussi avec les acteurs de l'écosystème afin qu'ils soient réceptifs à des actions mises en place par l'entrepreneur dans l'état gazeux alors qu'ils s'attendent de façon traditionnelle à rencontrer des entrepreneurs dans l'état de cristallisation.

La seconde dimension correspond à des aspects psychologiques de l'entrepreneur comme la confiance en soi ou encore l'estime de soi. En effet, il est assez difficile d'amener des entrepreneurs à développer des actions s'ils n'ont pas confiance en eux et s'ils n'ont pas une bonne image d'eux-mêmes. On voit donc que le passage à l'action n'est pas donné dans un certain nombre de cas. Le travail à faire auprès des entrepreneurs porte plus sur des dimensions psychologiques de l'entrepreneur que sur des dimensions techniques. Dit autrement, les blocages sont plus au niveau interne qu'au niveau externe. Malheureusement, trop souvent et notamment par facilité, les politiques et les structures d'accompagnement se focalisent plus sur les aspects externes, car ils sont plus visibles et beaucoup plus faciles à appréhender. On voit les difficultés notamment quand les accompagnateurs, les coachs ou encore les mentors sont focalisés sur des dimensions dites techniques, liées à l'état de cristallisation, alors que les problèmes sont au niveau de l'entrepreneur, dans l'état gazeux. On comprend vite le dialogue de sourds qui peut s'instaurer. On retrouve ici la nécessité de sortir de l'état de cristallisation pour aller vers l'état gazeux. C'est ce qui fait la différence entre le réparateur et le facilitateur. Dans cette perspective, nous amenons les entrepreneurs à sortir de leur zone de confort afin de développer des expériences à travers des actions à destination des acteurs de leur écosystème. En procédant de la sorte, l'objectif est d'accompagner l'entrepreneur dans le développement de ses actions. La création d'entreprise n'est plus un objectif en tant que tel. L'objectif est de mener des actions à destination des acteurs de son écosystème. C'est la succession de ces actions qui permet de faire évoluer non seulement le projet entrepreneurial, mais aussi l'entrepreneur et son écosystème. Ces expériences à travers les actions menées vont être formatrices pour l'entrepreneur. Elles vont lui permettre de mieux se comprendre, de mieux envisager son projet entrepreneurial et de mieux comprendre les attentes des acteurs de l'écosystème. Cette logique se retrouve, par exemple, dans des événements comme des apéros entrepreneurs, des séances de présentation devant des acteurs variés de l'écosystème de l'entrepreneuriat sur un territoire donné, des start-up week-ends, la levée de fonds participatifs... Les possibilités de proposer des expériences aux entrepreneurs se développent de plus en plus. C'est bien cette logique qui se retrouve derrière l'entrepreneuriat actuellement. Dans cette perspective, le numérique par exemple joue un rôle intéressant dans la construction et la volonté de faire vivre une communauté d'acteurs de l'écosystème. On sort de la logique normative où l'on dit à l'entrepreneur ce qu'il doit faire pour réussir sa création d'entreprise en accédant à une logique basée sur l'expérience de l'entrepreneur à travers l'action.

La deuxième question permet de nous interroger sur le type d'expériences à favoriser auprès des entrepreneurs : « Se faire une expérience de quoi ? » Bien souvent, le type d'expériences préconisé renvoie encore une fois à la finalité de la création d'entreprise. Dans cette perspective, l'objectif a été de développer des expériences autour de la création d'entreprise. Concrètement, cela se traduit notamment autour de la construction d'un business plan et d'actions allant dans ce sens, correspondant à l'état de cristallisation. Cette façon de faire s'est développée jusque dans les formations en entrepreneuriat et se retrouve encore dans des dispositifs pour faire découvrir l'entrepreneuriat aux jeunes. Il manque clairement un type d'expériences basées sur l'état gazeux. Quelles seraient ces expériences à mener pour les entrepreneurs ? Ces expériences renvoient au triptyque de l'agir entrepreneurial basé sur **Mon** intentionnalité, **Mon** projet et **Mon** écosystème. Il s'agit d'amener les entrepreneurs à développer un projet à partir de leur intentionnalité à destination de leur écosystème. Le type d'expériences menées porte sur la capacité de confrontation de l'entrepreneur. En effet, il est amené à confronter son projet non seulement par rapport à lui-même, mais aussi par rapport à l'écosystème qu'il a construit. Cette confrontation se matérialise par des présentations plus ou moins courtes et plus ou moins formelles aux acteurs de son écosystème.

Les expériences que nous avons menées s'inscrivent dans cette logique. L'accompagnement proposé permet à l'entrepreneur de construire son projet par rapport à son intentionnalité. Comme nous avons pu le montrer précédemment, un ensemble de questions permet d'avancer sur ces aspects. De plus, nous démultiplions les moments de confrontation avec l'écosystème et, notamment, tout au début du projet, afin de permettre à l'entrepreneur de le faire évoluer en fonction de ce qui lui est dit et de sa façon de voir les choses. À la différence de l'état de cristallisation, ces moments doivent être courts (ne pas s'éterniser dans le temps avec plusieurs étapes) et variés (mixité des opérations et des publics). Lors de ces confrontations, nous invitons l'entrepreneur avant tout à écouter la façon dont les acteurs de l'écosystème comprennent le projet proposé. À l'inverse, nous invitons les acteurs de l'écosystème à reformuler le projet tel qu'ils l'ont compris et à poser des questions dans ce sens. Plus la reformulation est proche du projet proposé par l'entrepreneur, plus il est possible d'échanger sur les attentes de l'écosystème par rapport à celui-ci. À l'inverse, lorsque la reformulation montre les écarts qu'il y a entre le projet de l'entrepreneur et la façon dont l'écosystème le perçoit, il est difficile d'aller plus en aval dans le projet. Il est par ailleurs nécessaire d'arriver à faire comprendre aux acteurs de l'écosystème le projet en tant que tel. Dans ce cas de figure, l'entrepreneur est amené à retravailler avant tout la formulation de son projet. Cette pratique s'inscrit dans ce que Schön (1997) appelle le « jeu du silence ». Il s'agit avant tout, pour des acteurs d'une même situation entrepreneuriale, de concevoir une représentation commune à partir d'un artefact : le projet de l'entrepreneur. À travers cet exercice, les retours des uns et des autres sont très positifs. Au niveau des entrepreneurs, tout d'abord.

Bien souvent, pour eux, c'est une première fois. La première fois qu'ils ont la possibilité de présenter leur projet à des acteurs de l'écosystème. Ils en sortent grandis parce qu'ils auront su dépasser leur appréhension de n'être pas prêts à se confronter à leur écosystème. Au final, ils en ressortent avec une confiance en eux et une meilleure estime d'eux-mêmes en plus des questions posées, des rencontres faites, des cartes de visite échangées… Au niveau des acteurs de l'écosystème, leur intérêt porte le plus souvent sur la possibilité de participer à l'éclosion de nouveaux entrepreneurs et sur le sentiment de pouvoir aider les autres.

Plusieurs enseignements peuvent être tirés de ce « jeu du silence ». La situation entrepreneuriale dans laquelle se retrouve l'entrepreneur, son projet entrepreneurial comme artefact et les acteurs de l'écosystème permettent une coconception. Chacun est amené à faire avancer sa représentation par rapport au projet proposé. Cette coconception est fondée par essence sur l'incertitude et l'ambiguïté. Celle-ci est palpable, notamment lors de la reformulation par les acteurs de l'écosystème du projet entrepreneurial. En effet, les actes de conception à partir du projet entrepreneurial sont ambigus. Ils sont sujets à des lectures multiples renvoyant à une représentation différente à partir d'un même objet : le projet entrepreneurial. Le deuxième enseignement renvoie à l'importance de l'écoute comme pilier de la compréhension mutuelle. Par expérience, nous estimons que cet exercice n'est pas facile. Très rapidement, l'entrepreneur a envie de répondre aux remarques et questions venant de son écosystème, voire de défendre sa position. Il convient de sortir de cette pulsion pour aller vers l'écoute de l'autre. Cette écoute amène un effet miroir, plus ou moins déformant, permettant à l'entrepreneur de comprendre comment les acteurs de l'écosystème comprennent son projet. Le troisième enseignement consiste en la qualité de la conception commune, dépendante de la fiabilité de la communication de l'entrepreneur, c'est-à-dire sa capacité à faire converger les représentations autour de son projet entrepreneurial. C'est pourquoi on peut parler de « scénario » et de la nécessité de présenter l'univers en lien avec le projet entrepreneurial.

Régulièrement, nous demandons aux entrepreneurs de donner le plus à voir possible de leur projet entrepreneurial. Cela signifie qu'ils doivent venir aux rencontres avec des choses à montrer, à palper, à déguster... Donner à voir son projet permet de prolonger le projet entrepreneurial comme artefact à l'aide d'autres artefacts. Le corollaire de la fiabilité de la communication est au niveau des acteurs de l'écosystème, du travail d'interprétation fait par chacun afin de tester son interprétation, à partir des significations qu'ils donnent et du sens qu'ils construisent par rapport au projet entrepreneurial. Toutefois, comme le note Schön (1997) :

> *« La bonne marche du travail d'interprétation par réflexion réciproque peut être entravée par des sentiments tels que l'attachement à sa construction, une attitude défensive, la gêne, la honte, la colère ou la peur. »*

On voit ici clairement l'enjeu de s'interroger sur le type d'expériences à favoriser auprès des entrepreneurs.

Toutefois, les expériences en tant que telles sont intéressantes pour les entrepreneurs mais ne sont pas suffisantes, d'où la troisième question : « Comment apprendre de ces expériences ? » En effet, il n'y a pas d'enrichissement au niveau des connaissances de l'entrepreneur s'il n'y a pas de retour d'expérience pour mettre celles-là en lien avec les expériences menées. On retrouve l'intérêt de la maïeutique pour permettre à l'entrepreneur de prendre conscience de ses propres représentations, des représentations des autres et des artefacts produits. Le retour d'expérience doit se faire tout autant sur les échecs rencontrés par l'entrepreneur que sur ses succès, afin de pouvoir capitaliser là-dessus. La démarche doit être organisée afin de permettre la verbalisation par rapport aux situations rencontrées par l'entrepreneur. Ce travail de maïeutique se fait à travers un accompagnement renvoyant à la posture de facilitateur par rapport à celle de réparateur. Dans l'état gazeux, le retour d'expérience doit être systématisé et formalisé afin de permettre un échange constructif avec le facilitateur. Ce facilitateur peut être une personne qui fait de l'accompagnement entrepreneurial ou un chef d'entreprise s'inscrivant dans une logique de mentorat. Il est utile aussi de pouvoir s'appuyer sur des retours faits par des acteurs de l'écosystème entrepreneurial de l'entrepreneur. Des questionnaires peuvent être mis en place auprès de ces acteurs afin de leur permettre d'évaluer à partir de critères importants pour l'entrepreneur le moment d'échange qu'ils ont pu avoir avec lui. Dans l'état de cristallisation, le retour d'expérience est moins pertinent s'il a été fait auparavant. La routinisation du retour d'expérience dans l'état de cristallisation n'est pas forcément source de création de valeur du fait. En effet, comme le montre Midler (1996), plus le projet avance, plus le degré de liberté du projet diminue. Dans l'état de cristallisation, il ne s'agit plus de remettre en cause le projet. D'ailleurs, l'objectif de faire un retour d'expérience pour l'entrepreneur est essentiellement de développer la robustesse de son projet : cela correspond donc au passage de l'état gazeux à l'état de cristallisation.

Quand l'agir entrepreneurial, c'est s'entreprendre soi-même

Derrière l'idée d'entrepreneur, une dimension importante surgit : la capacité de l'individu à prendre en main son destin. Entreprendre s'inscrit dans une logique avant tout volontariste et proactive plus que dans une logique réactive. Il existera toujours de l'entrepreneuriat dans une logique réactive, mais elle ne semble pas dominer dans la société actuelle. Plus qu'une aspiration à développer son propre emploi, l'entrepreneuriat devient un fait de société important. On le retrouve dans le discours des entrepreneurs : leur volonté est de se réaliser à travers un projet, « Je cherche avant tout à me comprendre », « Je fais ce projet pour moi dans un premier temps », « Porter un projet, c'est me permettre d'apporter ma pierre à l'édifice ».

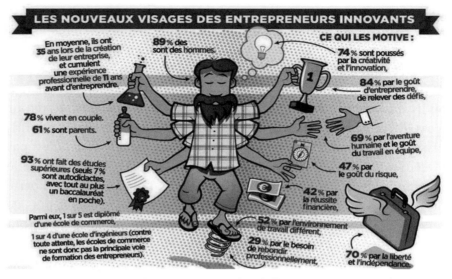

Source : « Portrait robot de l'entrepreneur innovant en France », étude L'Atelier BNP Paribas réalisée par TNS Sofres, décembre 2013.

Figure 8.2 – Les motivations de l'entrepreneur

On le voit clairement : l'entrepreneuriat n'est pas une fin en soi, c'est aussi un passage dans une perspective personnelle. De plus, cette perspective personnelle prend du sens dans la société par rapport à l'ancrage du projet proposé par l'entrepreneur. On voit donc encore une fois qu'entreprendre ne peut se limiter à l'entrepreneur. La perspective phénoménologique est ici bien présente, renvoyant au rapport de l'individu à la société, plus exactement au rapport de la représentation de l'individu à la société. L'intentionnalité joue donc un rôle essentiel pour entreprendre, elle est même le point de départ de toute l'aventure entrepreneuriale. Dans cette perspective, développer l'entrepreneuriat est intéressant du point de vue de la société, car il permet aux individus de se faire une expérience du réel à travers l'agir entrepreneurial. Nous le voyons auprès des entrepreneurs : passer par un projet entrepreneurial, pour ceux qui ont peu d'expérience, est un enrichissement important, notamment à travers l'état gazeux qui permet de faire le lien entre la représentation de l'entrepreneur et celle des acteurs de son écosystème. L'expérience de l'agir entrepreneurial favorise le développement de capacités autour des cinq savoirs :

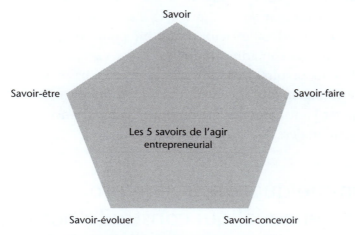

Figure 8.3 – Les cinq savoirs de l'agir entrepreneurial

À travers ces cinq savoirs, il s'agit bien de considérer l'entrepreneur dans une perspective évolutive, où il est en constante évolution par rapport à son environnement. Il a donc sa propre dynamique au lieu d'apparaître comme étant contraint de l'extérieur. Cette perspective dynamique amène à considérer l'agir entrepreneurial dans un état de changement permanent, au lieu de considérer le changement comme une modification occasionnelle. Ainsi l'agir entrepreneurial est-il changement et, notamment, changement de l'individu en une personne entreprenante et en un entrepreneur. À travers cette dynamique, la notion de représentation évoquée précédemment au sein de l'ouvrage prend encore plus de sens dans la mesure où les représentations de l'entrepreneur et celles des acteurs de l'écosystème sont amenées à évoluer dans le temps. Nous le constatons régulièrement, les évolutions de représentations sont plus importantes dans l'état gazeux que dans l'état de cristallisation. Cela est dû notamment au niveau de connaissance sur le projet qui est faible au début et où le degré de liberté est faible aussi, permettant une reconfiguration rapide du projet. En termes d'apprentissage, les savoirs à ce niveau sont importants et nécessitent une posture réflexive. Pour reprendre des éléments évoqués précédemment, le facilitateur va aider à acquérir cette posture réflexive et favoriser les jeux de miroir pour comprendre l'entrepreneur, depuis son intentionnalité à ses valeurs en passant par ses différents savoirs. Dans la société actuelle, basée sur les projets issus de changements, ce travail réflexif est important car il permet de préparer l'entrepreneur par rapport à la récurrence de situations entrepreneuriales.

L'homme qui construit le projet entrepreneurial qui construit l'homme

Cette récurrence des situations entrepreneuriales est le reflet de la société actuelle. Elle est le prolongement de l'ensemble des activités à projet au sein de notre société, de l'innovation ordinaire dans les organisations que soulignait Alter (2004), à la cité des projets des travaux de Boltanski et Thévenot (1991), en passant par les travaux de Bréchet et Desreumaux (2010) ou encore par les travaux de Lièvre (2006) sur la place du projet dans les organisations. Dans cette même veine, d'autres auteurs soulignent l'importance de la conception dans les situations à gérer au quotidien. C'est le cas de Martinet (2000) qui souligne le fait que les situations que rencontrent les acteurs de l'entreprise « ressemblent de plus en plus à celles qui caractérisent la conception et le développement de nouveaux produits » ou encore Teulier-Bourgine (1997) qui, elle, indique que « le management et beaucoup de tâches dans l'organisation deviennent de plus en plus, du point de vue cognitif, des tâches de conception ».

Que l'on parle de projet, de conception ou encore d'innovation, nous sommes bien dans l'agir entrepreneurial. Cette évolution vers l'agir entrepreneurial peut se résumer dans les réflexions de Julien et Marchesnay (1996) quand ils parlent d'un « capitalisme entrepreneurial » (p. 22). Ils datent le début de ce capitalisme autour des années soixante-quinze, comme « venant en rupture avec le capitalisme industriel permettant la résurgence de l'entrepreneuriat » (1996 p. 22). Aujourd'hui, ce capitalisme entrepreneurial évolue pour se mouvoir en agir entrepreneurial afin de pouvoir aborder de façon plus sophistiquée les aspects de décision et d'action en lien avec l'entrepreneuriat de façon concomitante. En y regardant de plus près, on voit bien que l'agir entrepreneurial est omniprésent dans la société (Schmitt et Lièvre, 2012). Il suffit de s'intéresser à sa forme circulaire de base : l'homme (l'entrepreneur) qui construit le projet (artefact) qui construit l'homme (l'entrepreneur et les acteurs de l'écosystème).

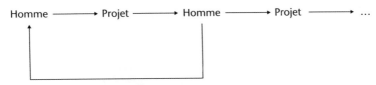

Figure 8.4 – L'ADN de l'entrepreneuriat

Cette circularité semble être l'ADN de l'entrepreneuriat. Ainsi l'agir entrepreneurial devient-il le reflet de la société actuelle. C'est ce qui amène Sarasvathy et Venkatareman (2011) à parler de « méthode » pour parler d'entrepreneuriat. L'entrepreneuriat comme méthode serait, pour ces deux auteurs, analogue à la méthode scientifique mise en perspective par Francis Bacon. Dans cette optique, on voit bien que l'agir entrepreneurial propose de nouveaux repères, comme nous avons pu l'envisager tout au long de cet ouvrage.

L'essentiel

▶▶ **En somme, entreprendre** est avant tout l'expérience que se fait l'entrepreneur en éprouvant son intentionnalité à travers son écosystème par l'intermédiaire de son projet entrepreneurial.

▶▶ **Dans cette logique,** entreprendre revient à s'entreprendre. La réflexivité est donc un élément central trop souvent oublié dans les réflexions sur l'entrepreneuriat.

▶▶ **L'entrepreneur, le projet entrepreneurial et l'écosystème** ne font qu'un. Comprendre l'entrepreneuriat, c'est s'affranchir d'une compréhension cloisonnée de chaque élément pour adopter une compréhension simultanée des trois.

Épilogue : la fabrique de l'entrepreneuriat en devenir

Comprendre l'entrepreneuriat n'est pas chose aisée. Beaucoup de grilles de lecture ont été mobilisées auparavant, en l'occurrence celles qui se sont intéressées à l'entrepreneur lui-même et au résultat de ses actions. Mais rares sont celles qui se sont penchées sur la manière dont l'entrepreneuriat se fabrique, c'est-à-dire la façon dont s'articulent dans l'action l'entrepreneur, son projet et ses interactions avec son écosystème, ce que nous avons appelé l'agir entrepreneurial.

Il est temps de proposer une approche globale de l'entrepreneuriat. Et c'est bien ce que nous avons fait à travers cet ouvrage. Nous avons donc montré les limites des précédentes approches pour proposer une approche originale, celle de l'agir entrepreneurial, basée sur le rapport de l'entrepreneur au monde – dimension phénoménologique – et sur les objets conçus par l'entrepreneur à destination de son écosystème – dimension sciences de l'artificiel. Cependant, cette approche ne doit pas être envisagée simplement comme une sophistication des approches actuelles, mais bien comme un changement de paradigme, dans la mesure où il est nécessaire de changer notre paire de lunettes pour comprendre la complexité actuelle de l'entrepreneuriat, qu'il nous a été donné de voir au travers d'une quinzaine d'années sur le terrain avec des entrepreneurs.

La fabrique de l'entrepreneuriat pose en somme la question suivante : « Qu'est-ce qu'entreprendre si l'on accepte que l'entrepreneur construit entièrement sa propre réalité ? » Assez rapidement, on s'aperçoit que le caractère sans doute peu orthodoxe des réflexions et de l'approche proposée dans cet ouvrage, notamment par rapport à la logique dominante basée sur l'approche rationnelle et planificatrice, peut provoquer un scepticisme à l'égard de l'idée selon laquelle la réalité est construite à travers les représentations des acteurs. Formulé de cette façon, l'entrepreneuriat prend un sens complètement différent du sens habituel. Ainsi la création d'entreprise ne serait-elle qu'un des sens que peut prendre l'entrepreneuriat. L'autre sens qui nous intéresse à travers cet ouvrage renvoie à la capacité de l'entrepreneur à concevoir un projet par rapport à son image du monde et à le traduire auprès des acteurs de son écosystème, afin qu'il puisse être accompagné comme il conviendrait qu'il le soit. Si l'on accepte ce sens-ci, cela signifie deux choses. Tout d'abord, si la façon dont nous voyons le monde est notre propre invention, nous devons admettre que tout un chacun en fait autant. Ensuite, si nous considérons que l'entrepreneuriat est composé d'entrepreneurs et d'acteurs de l'écosystème, nous devrons nous dire qu'aucun d'eux ne détient la vérité et que chacun doit chercher à faire adhérer l'autre à sa représentation. Cette posture nous permet de nous libérer de la conviction manichéenne qui se traduit de la façon suivante : « Qui n'est pas avec moi est donc contre moi. » Les difficultés de l'entrepreneur à faire adhérer les acteurs de l'écosystème à sa représentation doivent être un point de départ pour faire évoluer et enrichir le projet entrepreneurial. Ainsi, à la conviction manichéenne préférons-nous la conviction apportée par cette citation de Saint-Exupéry : « Celui qui diffère de moi, loin de me léser, m'enrichit. » Il convient donc de rassembler ce qui est épars, comme nous l'enseignait

Vico en 1708 à travers la notion d'*ingenium,* correspondant à la faculté de relier les choses séparées et opposées. Au final, il s'agit bien d'un tournant important que nous avons proposé dans cet ouvrage, celui d'ôter les ornières entre lesquelles l'entrepreneuriat s'est construit et développé, en l'occurrence la création d'entreprise comme finalité objective, pour nous déplacer vers la tolérance interpersonnelle dans une perspective subjective, l'agir entrepreneurial, où ce qui compte dans l'aventure de l'entrepreneuriat, c'est moins la destination que les pas de l'entrepreneur progressant sur le chemin. Conviction qui donne sa pérennité au poème d'Antonio Machado *En marchant se construit le chemin* :

> *Marcheur, ce sont tes traces*
> *Ce chemin, et rien de plus ;*
> *Marcheur, il n'y a pas de chemin,*
> *Le chemin se construit en marchant.*
> *En marchant se construit le chemin,*
> *Et en regardant en arrière*
> *On voit la sente que jamais*
> *On ne foulera à nouveau.*
> *Marcheur, il n'y a pas de chemin,*
> *Seulement des sillages sur la mer.*

Bibliographie

Alter N. (2004), *L'innovation ordinaire*, PUF.

Asquin A., Condor R. et Schmitt C. (2012), « Pour la mobilisation de la notion de projet dans la recherche en entrepreneuriat », *Revue de l'entrepreneuriat*, vol. 10, n° 2, p. 7-14.

Avenier M.-J. (1997), « Une conception de l'action stratégique en milieu complexe : la stratégie tâtonnante », dans Avenier M.-J. (coordination), *La stratégie « chemin faisant »*, Economica, Paris, p. 7-35.

Bird B.J. (1988), « Implementing entrepreneurial ideas: The case for intention », *Academy of Management Review*, vol. 13, n° 3, p. 442-453.

Boltanski L., Chiapello E. (1999), *Le Nouvel esprit du capitalisme*, Gallimard, Paris.

Boltanski L., Thévenot L. (1991), *De la justification. Les Économies de la Grandeur*, Éditions Gallimard.

Bourdieu P. (1980), « Le capital social. Notes provisoires », Actes de la recherche en sciences sociales, n° 31, p. 2-3.

Boutinet J.-C. (1993), *Psychologie de la conduite à projet*, Paris, Presses universitaires de France.

Bréchet J.-P. et Desreumaux A. (2010), « Agir projectif, action collective et autonomie », *Management International*, 14(4), 11-21.

Bruyat C. (1993), « Création d'entreprise : contributions épistémologiques et modélisation », thèse pour le doctorat en sciences de gestion, Grenoble II.

Caillé P. (1991), *Un et un font trois*, Paris, ESF éditeur.

Callon M. (1986), « Éléments pour une sociologie de la traduction. La domestication des coquilles Saint-Jacques dans la Baie de Saint-Brieuc », *L'Année sociologique*, n° 36.

Cohen R. (2008), « Faut-il brûler les plans d'affaires ? », *L'Expansion Management Review*, n° 128, p. 22-30.

Collins O. F., Moore D. G., Unwalla D. B. (1964), « The Enterprising Man », *MSU Business Studies*, Bureau of Business and Economic Research, Graduate School of Business Administration, Michigan State University, East Lansing, Michigan.

Couteret P. et Audet J. (2008), « Coaching et mentorat, de nouvelles formes d'accompagnement individualisé de l'entrepreneur », dans Schmitt C., *Regards sur l'évolution des pratiques entrepreneuriales* (pp. 193-208.), Presses de l'université du Québec.

Dewey J. (1938), *Experience and nature*, George Allen And Unwin, Limited, 1929.

Drucker P. (1996), *Managing in a Time of Great Change*, traduction française : *Structures et changements : balises pour un monde différent*, Village Mondial.

Filion L. J., Ananou C. et Schmitt C. (2012), *La création d'une entreprise : une démarche intuitive et imaginative*, dans Filion L.J., Ananou C. et Schmitt C. (dir.), *Réussir sa création d'entreprise sans business plan*, Éditions Eyrolles, p. 19-21.

Filion L.-J. (1991b), *Visions et relations : clefs du succès de l'entrepreneur*, Cap Rouge, Éditions de l'entrepreneur.

Filion L.-J. (1999), *Tintin, Minville, l'entrepreneur et la potion magique*, Montréal, Presses HEC, coll. « Les grandes conférences ».

Filion L.-J. (2008), « Les représentations entrepreneuriales : un champ d'études en émergence », *Revue internationale de psychosociologie*, vol. 14, n° 32, p. 13-43.

Filion L.-J. (2017), *Entreprendre et savoir s'entourer*, Les Éditions de l'homme, Montréal.

Fornel M. (de) et Quéré L. (1999), *La logique des situations, nouveaux regards sur l'écologie des activités sociales*, Paris, Éditions de l'École des hautes études en sciences sociales.

Garel G. et Mock E. (2012), *La fabrique de l'innovation*, Paris, Dunod.

Gartner W. B. (1985), « A framework for describing the phenomenon of new venture creation », *Academy of Management Review*, vol. 10, n° 4, p. 696-706.

Giard V., Midler C. et Garel G. (2004), *Faire de la recherche en management de projet*, Paris, Vuibert/FNEGE.

Glasersfeld E. (von) (1984), « An introduction to radical constructivism », dans Watzlawick P. (dir.), *The Invented Reality*, New York, Norton, p. 17-40.

Goffman E. (1974), *Frame Analysis: An Essay on the Organization of Experience*, Londres, Harper and Row.

Granovetter M. (1985), « Economic action and social structure: The problem of embeddedness », *American Journal of Sociology*, vol. 91, n° 3, p. 481-510.

Grégoire D. A., Cornelissen J., Dimov D. & Burg E. (van) (2015), « The mind in the middle: Taking stock of affect and cognition research in entrepreneurship », *International Journal of Management Reviews*, 17(2), 125-142.

Illich I. (1971), *Une société sans école*, Seuil, Paris.

Jaziri R. et Paturel R. (2009), « Une vision renouvelée des paradigmes de l'entrepreneuriat : vers une reconfiguration de la recherche en entrepreneuriat », communication présentée au colloque « Entrepreneuriat et entreprise : nouveaux enjeux et nouveaux défis », Gafsa (Tunisie), avril.

Joas H. (1996), *The Creativity of Action*, Chicago, Chicago University press.

Joly M., Muller J.-L. (1994), *De la gestion de projet au management par projet*, AFNOR.

Julien P.-A. (2005), *Entrepreneuriat régional et économie de la connaissance*, Québec, Presses de l'Université du Québec.

Julien P.-A., Cadieux L. (2010), « La mesure de l'entrepreneuriat », Rapport d'étude, Institut de la statistique du Québec, 90 pages.

Julien P.-A., Marchesnay M. (1996), *L'entrepreneuriat*, Economica, Paris.

Juma C. (1996), « Vers une économie non newtonienne », dans Maisonneuve et Larose, *La mort de Newton*, Paris, p. 69-106.

Krueger N. F. et Carsrud A. L. (1993), « Entrepreneurial intentions: Applying theory of planned behavior », *Entrepreneurship and Regional Development*, vol. 5, p. 315-330.

Lacroux F. (1999), « La modélisation dans le contrôle de gestion », dans Dupuy Y. (dir.), *Faire de la recherche en contrôle de gestion ?*, Paris, Vuibert/FNEGE, p. 21-29.

Lavoie D. (1998), « Créativité, innovation, invention, entrepreneurship-intrapreneurship : où est la différence ? », *Revue Gestion*, pp.64-71.

Le Moigne J.-L. (1990), *La modélisation des systèmes complexes*, Dunod, Paris.

Le Moigne J.-L. (1991), « Confiance et complexité », colloque « Du mépris à la confiance, de nouveaux comportements pour faire face à la complexité », université de technologie de Compiègne.

Lièvre P. (2006), « Les enjeux d'une investigation de l'activité à projet », dans Lièvre P., Lecoutre, Kaba Traoré, *Management de projets, les règles de l'activité à projet*, Lavoisier, p. 15-19.

Lièvre P., Schmitt C. (2012), « Au cœur de la recherche en entrepreneuriat : les pratiques entrepreneuriales », dans Schmitt C., Lièvre P. (dir.), *Nouvelles perspectives en entrepreneuriat : de la pratique aux activités entrepreneuriales*, Presses universitaires de Nancy, collection « Organisations en action », p. 13-22.

Lorino P. (1999), « Le sens giratoire et le chameau », dans G.R.A.S.Q.U.E., *Entre systémique et complexité, chemin faisant*, Paris, Presses universitaires de France, p. 147-156.

Martinet A.-C. (1993), « Une nouvelle approche de la stratégie, introduction au dossier gérer la complexité », *Revue française de gestion*, n° 93, p. 62-63.

Martinet A.-C. (2000), « Epistémologie de la connaissance praticable : exigences et vertus de l'indiscipline », dans David A., Hatchuel A. et Laufer R., *Les nouvelles fondations des sciences de gestion*, Vuibert/FNEGE, p. 111-139.

McClelland D. C. (1961), *The Achieving Society*, New York, Van Nostrand.

Midler C. (1993), *L'auto qui n'existait pas*, Dunod, Paris.

Midler, C. (1996), « Modèles gestionnaires et régulations économiques de conception », dans Terssac G. (de), Friedberg E., *Coopération et conception*, Octares Éditions, Toulouse, p. 63-85.

Morin E. (1990), *Introduction à la pensée complexe*, Paris, ESF éditeur.

Morin E. (1990), *Sciences avec conscience*, Le Seuil, Paris.

Nardonne G. (2000), « Le langage qui guérit, la communication comme véhicule de changement thérapeutique », dans Watzlawick P. et Nardone G. (dir.), *Stratégie de la thérapie brève*, Paris, Seuil, p. 95-113.

Nlemvo F. et Witmeur O. (2010), « Faut-il vraiment brûler les plans d'affaires ? », *L'expansion entrepreneuriat*, n° 6, p. 46-50.

Pinel J. (2007), *Biopsychologie*, 6e éd., Paris, Pearson.

Saint-Jean E. (2010), « Les fonctions du mentor de l'entrepreneur novice », *Revue de l'Entrepreneuriat*, Vol. 9, p. 34-55.

Saporta B. et Verstraete T. (2000), « Réflexions sur l'enseignement de l'entrepreneuriat dans les composantes en sciences de gestion des universités françaises », *Gestion 2000*, n° 3, p. 97-121.

Sarasvathy S. (2001), « Causation and effectuation : Toward a theoretical shift from economic inevitability to entrepreneurial contingency », *Academy of Management Review*, vol. 26, n° 2, p. 243-263.

Sarasvathy S. (2008), « Designing organizations that design environments : Lessons from entrepreneurial expertise », *Organization Studies*, vol. 29, n° 3, p. 331-350.

SARASVATHY S. et VENKATARAMAN S. (2011), « Entrepreneurship as method: Open questions for an entrepreneurial future », *Entrepreneurship Theory and Practice*, vol. 35, n° 1, p. 113-135.

SCHMITT C. (2006), « De la convergence de l'entrepreneuriat vers la notion de projet », dans LIÈVRE P. et LECOUTRE M. K. (dir.), *Management de projets, les règles de l'activité à projet Traoré*, Paris, Hermès/Lavoisier, p. 125-135.

SCHMITT C. (2009), « Les situations entrepreneuriales : proposition d'une nouvelle grille d'analyse pour aborder le phénomène entrepreneurial », *Revue économie et sociale*, n° 3, p. 11-25.

SCHMITT C. (2010), *La valeur des produits et des services en PME*, Fribourg, Growth Publisher.

SCHMITT C. (2012), « IDéO© : une méthode pour aider l'entrepreneur à concevoir un scénario à partir d'une opportunité », dans FILION L.-J., ANANOU C. et SCHMITT C. (dir.), *Réussir sa création d'entreprise sans business plan*, Paris, Éditions Eyrolles, p. 99-112.

SCHMITT C. (2015). *L'agir entrepreneurial. Repenser l'action des entrepreneurs*, Presses de l'université du Québec, Québec.

SCHMITT C. et HUSSON J. (2014), « Accompagner le projet entrepreneurial : regard renouvelé sur l'accompagnement », *Entrepreneuriat et innovation*, vol. 2, n° 21, p. 10-18.

SCHMITT C. et ROSKER E. (2015), « Quand savoir entreprendre, c'est savoir concevoir », *Revue des sciences de gestion*, Vol. 3, n° 273-274, p. 71-82.

SCHMITT C., JULIEN P.-A. et LACHANCE R. (2002), « Pour une lecture des problèmes complexes en PME : approche conceptuelle et expérimentation », *Revue internationale PME*, vol. 15, n° 2, p. 35-62.

SCHÖN D. (1997), « Apprentissage organisationnel et épistémologie de la pratique », dans REYNAUD B., *Les limites de la rationalité*, tome 2, Paris, La Découverte, p. 157-167.

SHAPERO A. et SOKOL L. (1982), « The social dimensions of entrepreneurship », dans KENT C. *et al.* (dir.), *The Encyclopedia of Entrepreneurship*, Englewood Cliffs, Prentice-Hall, p. 72-90.

SIMON H. A. (1996), *The Sciences of the Artificial*, Cambridge, MIT Press.

TEULIER R. (2000), « Le passeur de signes », dans LORINO P. (coordination), *Enquêtes de gestion, à la recherche du signe dans l'entreprise*, L'Harmattan, Paris, p. 105-126.

TEULIER-BOURGINE R. (1997), « Les représentations : médiations de l'action stratégique », dans AVENIER M.-J. (coord.), *La stratégie « chemin faisant »*, Paris, Economica, p. 95-135.

Verstraete T. et Fayolle A. (2005), « Paradigmes et entrepreneuriat », *Revue de l'entrepreneuriat*, vol. 4, n° 1, p. 33-52.

Watzlawick P. (1988), « Effet ou cause ? », dans Watzlawick P. (dir.), *L'invention de la réalité, contribution au constructivisme*, Paris, Seuil, p. 73-78.

Watzlawick P., Weakland J. et Fisch R. (1974), *Change. Principles of problem formation and problem resolution*, New-York, traduction française : *Changements. Paradoxes et psychothérapie*, Éditions du Seuil, Paris, 1975.

Watzlawick, P. (2000), « La construction des réalités cliniques », dans Watzlawick P. et Narbonne G. (dir.), *Stratégie de la thérapie brève*, Paris, Seuil, p. 19-33.

Table des matières

Préface . . . XI

Avant-propos : la fabrique de l'entrepreneuriat en action . . . XV

Chapitre 1 ■ La nécessité de changer de regard sur l'entrepreneuriat . . . 1

    L'entrepreneuriat : la fin d'un tabou . . . 3
    Au commencement était la décision entrepreneuriale . . . 6
    L'agir entrepreneurial . . . 8

Chapitre 2 ■ La complexité actuelle de l'entrepreneuriat . . . 13

    Sortir du mythe de l'entrepreneur-héros . . . 14
    L'importance des phases amont . . . 16
    L'importance des seconds rôles . . . 19
    La construction d'un écosystème favorable . . . 22

Chapitre 3 ■ Le modèle des 3M pour aborder la complexité actuelle de l'entrepreneuriat . . . 29

    Moi en tant qu'entrepreneur, vecteur de l'agir entrepreneurial . . . 31
    Mon projet : un artefact qui reflète l'intentionnalité de l'entrepreneur . . . 35
    Mon écosystème : construire un cadre positif et engageant à partir des parties prenantes . . . 38

Chapitre 4 ■ Changer sa paire de lunettes pour comprendre l'entrepreneuriat d'aujourd'hui . . . 45

    L'importance des représentations . . . 46
    Deux réalités . . . 48

Deux langages — 54
Deux états : de l'état gazeux à l'état de cristallisation — 61

Chapitre 5 ■ Entreprendre, c'est s'intéresser au rapport au monde de l'entrepreneur — 71

L'intentionnalité : la posture au monde de l'entrepreneur — 72
Des artefacts pour donner à voir l'image du monde que se fait l'entrepreneur — 76
La nécessité de traduire l'image au monde de l'entrepreneur — 82
Relier intentionnalité, artefact et traduction pour entreprendre — 84
La relation au temps dans l'état gazeux de l'entrepreneuriat — 90

Chapitre 6 ■ Des outils pour aborder l'agir entrepreneurial — 99

La méthode IDéO© — 100
Expliciter l'intentionnalité de l'entrepreneur — 105
Construire l'écosystème pour favoriser l'agir entrepreneurial — 110

Chapitre 7 ■ Aider l'entrepreneur dans l'agir entrepreneurial — 117

Du réparateur au facilitateur — 118
Aider l'entrepreneur : pour une rhétorique de l'agir entrepreneurial — 123
La relation entre l'entrepreneur et le facilitateur — 131

Chapitre 8 ■ Favoriser l'expérience de l'agir entrepreneurial — 141

L'expérience du réel comme levier de l'agir entrepreneurial — 142
Quand l'agir entrepreneurial, c'est s'entreprendre soi-même — 149
L'homme qui construit le projet entrepreneurial qui construit l'homme — 152

Épilogue : la fabrique de l'entrepreneuriat en devenir — 155

Bibliographie — 159

Table des matières — 165

Table des figures — 169

Christophe Schmitt a aussi publié :

Ingénierie entrepreneuriale : regards croisés pour innover et créer de la valeur, Éditions universitaires de Lorraine, collection « Organisations en action », 2017 (dir. avec Laure Morel).

De la complexité de l'action dans les organisations, Éditions Growth Publisher, 2016 (dir.) (labellisé FNEGE).

L'agir entrepreneurial. Repenser l'action des entrepreneurs, Éditions Presses de l'université du Québec, collection « Entrepreneuriat et PME », 2015 (Prix du meilleur essai en management, EFMD-FNEGE).

Université et entrepreneuriat, Éditions universitaires de Lorraine, collection « Organisations en action », 2014 (avec Loyda Gomez et Julien Husson).

Réussir sa création d'entreprise sans Business Plan, Éditions Eyrolles, 2012 (avec Louis-Jacques Filion et Claude Ananou) (labellisé FNEGE).

Nouvelles perspectives en entrepreneuriat, Éditions universitaires de Lorraine, collection « Organisations en action », 2012 (dir. avec Pascal Lièvre).

La valeur des produits et des services en PME, Éditions Growth Publisher, 2010, 2ᵉ éd., 2012.

Université et entrepreneuriat, Presses universitaires de Nancy, collection « Organisations en action », 2008, tome 2 (dir.).

Regards sur l'évolution des pratiques entrepreneuriales, Presses de l'université du Québec, 2008 (dir.).

Paroles d'artisans, Presses universitaires de Nancy, collection « Organisations en action », 2008 (dir. avec Mohamed Bayad).

La Construction de savoirs pour l'action, L'Harmattan, collection « Action et Savoir », 2007 (dir. avec Marie-Josée Avenier).

Université et entrepreneuriat : une relation en quête de sens, L'Harmattan, 2005, tome 1 (dir.).

Table des figures

Figure 3.1 – L'organisation de l'entrepreneuriat autour du modèle des 3M — 31

Figure 3.2 – Le processus d'effectuation — 34

Figure 4.1 – La réalité de premier ordre et la réalité de second ordre — 49

Figure 4.2 – Problème compliqué, problème complexe : des problèmes de nature différente — 54

Figure 4.3 – L'état gazeux : la relation entre désordre, ordre et organisation (empruntée à Morin, 1990) — 65

Figure 4.4 – La dynamique de la situation projet (Midler, 1996) — 67

Figure 5.1 – Le rapport au monde de l'entrepreneur dans le modèle des 3M — 72

Figure 5.2 – Entreprendre, une temporalité circulaire entre le futur et le présent — 94

Figure 5.3 – Modélisation de l'agir entrepreneurial — 96

Figure 6.1 – Des outils pour aborder le modèle des 3M — 100

Figure 6.2 – Le modèle de la méthode IDéO© — 102

Figure 6.3 – La finalité de la méthode Intentio© : rendre explicite l'intentionnalité à partir des projets — 108

Figure 6.4 – La méthode Intentio© : les questions relatives à l'explicitation de l'intentionnalité — 109

Figure 6.5 – La méthode Delphi-Entrepreneur© :
identification des types d'acteurs 112

Figure 7.1 – Accompagner l'entrepreneur dans l'état gazeux :
sortir du cadre 132

Figure 7.2 – Les chantiers d'un projet entrepreneurial 135

Figure 7.3 – Exemple de chantier et d'actions envisagées 136

Figure 8.1 – L'expérience du réel dans l'agir entrepreneurial 143

Figure 8.2 – Les motivations de l'entrepreneur 150

Figure 8.3 – Les cinq savoirs de l'agir entrepreneurial 151

Figure 8.4 – L'ADN de l'entrepreneuriat 153

DES LIVRES DE STRATÉGIE D'ENTREPRISE AUX ÉDITIONS DUNOD

Autissier D., Moutot J.-M., *Méthode de conduite du changement*, 4ᵉ éd., 2016
Autissier D., Moutot J.-M., *Le changement agile*, 2015
Barthélemy J., Mottis N., *À la pointe du management*, 2016
Ben Mahmoud-Jouini S., Charue-Duboc F., Midler C., *Management de l'innovation et Globalisation*, 2015
Brabandere (de) L., *La valeur des idées*, 2015
Briones E., *Luxe et Digital*, 2016
Collin B., Delplancke J.-F., *L'Oréal, la beauté de la stratégie*, 2015
Croset P., *L'ambition au cœur de la transformation*, 2014
Dauchy D., *7 étapes pour un business model solide*, 2ᵉ éd., 2013
Delorme P., Djellalil J., *La transformation digitale*, 2015
Duval M., Speidel K.-P., *Open innovation*, 2014
Eychenne Y., Cointot J.-C., *La Révolution Big data*, 2014
Eychenne Y., Strong C., *Uberisez votre entreprise*, 2017
Faillet C., *L'Art de la guerre digitale*, 2016
Fayard P., *Comprendre et appliquer Sun Tzu*, 4ᵉ éd., 2017
Garel G., Mock E., *La fabrique de l'innovation*, 2ᵉ éd., 2016
Giboin B., *La Boîte à outils de la Stratégie*, 2ᵉ éd., 2016
Huet J.-M., *Stratégie internationale*, 2015
Jarrosson B., *De Sun Tzu à Steve Jobs*, 2016
Jakubowski B., *Stratégie et management du voyage d'affaires*, 2015
Laborde O., *Innover ou disparaître*, 2017
Lehmann-Ortega L., Musikas H., Schoettl J.-M., *(Ré)inventez votre Business Model*, 2ᵉ éd., 2017
Lehmann-Ortega L., Leroy F., Garrette B., Dussauge P., Durand R. et al., *Strategor*, 7ᵉ éd., 2016
Magne J., Pignault J., Dubau L., *La prise de décision agile*, 2017
Meier O., *Diagnostic stratégique*, 4ᵉ éd., 2015
Midler C., Jullien B., Lung Y., *Innover à l'envers*, 2017
Pommeret B., *La Boîte à outils de l'Organisation*, 2ᵉ éd., 2017
Porter M., *L'avantage concurrentiel*, 2003
Richou S., *Coopétition en action*, 2017
Schmitt C., *La fabrique de l'entrepreneuriat*, 2018
Verrier G., Bourgeois N., *Faut-il libérer l'entreprise ?*, 2016

77508 - (I) - SOP 90° - NOC - NRI

JOUVE
1, rue du Docteur Sauvé, 53100 MAYENNE
N°2673946T
Dépôt légal : janvier 2018

Imprimé en France